洋経済

ニッポン再生

経済成長
賃金・雇用
日本型経営と産業
政党政治と民主主義
移民
環境・エネルギー
外交・安保

7つの論点

週刊東洋経済 eビジネス新書 No.403

ニッポン再生 7つの論点

本書は、東洋経済新報社刊『週刊東洋経済』2021年11月6日号より抜粋、加筆修正のうえ制作しています。情報は底本編集当時のものです。(標準読了時間 90分)

ニッポン再生　7つの論点　目次

昭和モデルから脱却できるか

日本社会の未来について、若い世代の69%が悲観——。この数字は、本誌が40歳以下を対象に実施したアンケートの結果だ。日本社会の未来について「ある程度悲観」「大いに悲観」が約7割と、「大いに楽観」「ある程度楽観」の25%を大きく超えた。

次の世代に確実にバトンを渡すための改革を実現するのに10年では短かすぎ、30年では長すぎる。20年程度という中長期のスパンで日本をどう再生の軌道に乗せるかを考えてみたい。

現状は明るくない。国民の豊かさを示す1人当たりGDP(国内総生産)は、20年前の2000年に3万9173ドルと世界2位だった。だがバブル崩壊以降の低成長が影響し、直近の20年には4万0146ドルと23位に。この20年間でわずか2％しか伸びていない。また平均賃金も2000年の3万8365ドルが20年には3万8515ドルと横ばいだ。OECD（経済協力開発機構）平均は17％伸びているにもかかわらず、日本は頭打ちが続いている。

経済力の低下

日本国民の豊かさは20年伸び悩み
—1人当たりGDPランキング—

2000年			2020年		
順位	国名	米ドル	順位	国名	米ドル
1	ルクセンブルク	49,183	1	ルクセンブルク	116,921
2	**日本**	**39,173**	2	スイス	86,849
3	スイス	39,077	3	アイルランド	83,850
4	ノルウェー	38,048	4	ノルウェー	67,176
5	米国	36,318	5	米国	63,416
6	UAE	34,689	6	デンマーク	60,494
7	アイスランド	32,344	7	アイスランド	59,634
8	デンマーク	30,799	8	シンガポール	58,902
9	カタール	30,461	9	オーストラリア	52,825
10	スウェーデン	29,589	23	**日本**	**40,146**

（注）2020年は予測　（出所）IMF「World Economic Outlook」

賃金が上がらず「安い日本」

賃金が伸びず日本は世界から取り残される
—OECD各国の平均賃金—

2000年			2020年		
順位	国名	米ドル	順位	国名	米ドル
1	ルクセンブルク	57,100	1	米国	69,392
2	スイス	56,529	2	アイスランド	67,488
3	米国	55,366	3	ルクセンブルク	65,854
4	アイスランド	53,810	4	スイス	64,824
5	オランダ	52,371	5	オランダ	58,828
6	ベルギー	51,922	6	デンマーク	58,430
7	オーストリア	47,860	7	ノルウェー	55,780
8	デンマーク	46,360	8	カナダ	55,342
9	ドイツ	45,584	9	オーストラリア	55,206
10	オーストラリア	45,201	10	ベルギー	54,327
—	OECD平均	42,160	—	OECD平均	49,165
17	**日本**	**38,365**	22	**日本**	**38,515**

（出所）OECD「Average wages」

高齢化に伴い社会保障費が重くのしかかり、国の懐事情も硬直化。国のGDP比債務残高は235%(2019年)と、主要国で最も高い。

未来も明るいとはいえない。2020年に28・7%だった高齢化率は、20年後の40年に35・3%に達する。人口の3分の1が65歳以上となる計算だ。42年に高齢者人口はピークの3900万人となる。つまり、今後20年間でさらに高齢化が進むとともに生産年齢人口は減少、40年ごろには本格的なシルバー社会が到来する見通しだ。少子高齢化とともに経済力も低迷し、日本のGDPは33年にはインドネシアにも抜かれる見通しだ(OECD推計)。

また日本経済を待ち受ける課題としてとくに大きいのが脱炭素だ。政府は50年までのカーボンニュートラル(CO2排出の実質ゼロ)実現を掲げる。石炭や石油といった化石燃料の使用を減らし、太陽光や風力、地熱といった再生可能エネルギーを増やしたい考えだ。産業界はエネルギー転換を迫られ、日本の産業構造の変化とともに個人の賃金や雇用、生活にまで影響する可能性がある。

借金が重くのしかかる

日本の政府債務は主要国の中でも重い
—主要国のGDP比債務残高—

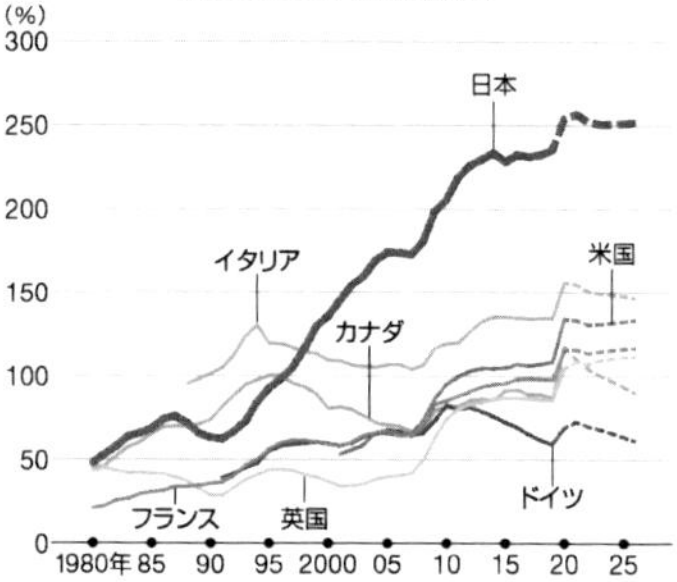

(注)日本は2020年から、ほかは21年からが推計値。米、独、伊は一部年でデータなし　(出所)IMF「World Economic Outlook」

産業界に迫られるエネルギー転換

化石燃料への依存低下が課題
—エネルギー消費の構成—

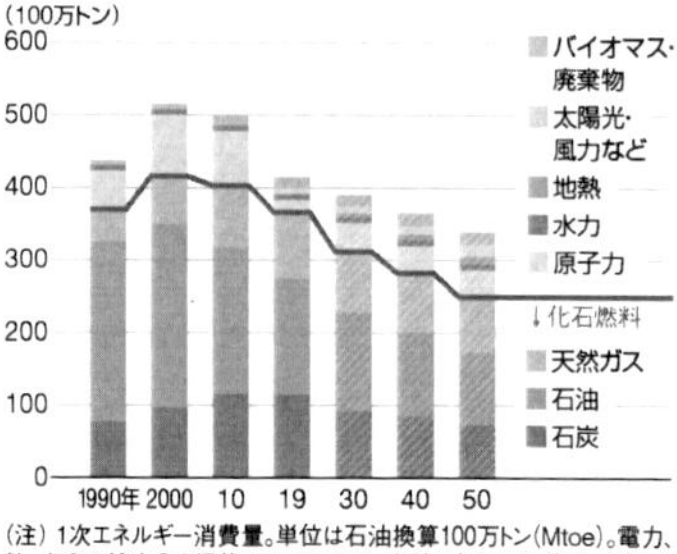

(注) 1次エネルギー消費量。単位は石油換算100万トン(Mtoe)。電力、熱、水素の輸出入を掲載していないため、合計と内訳は必ずしも一致しない場合がある。2030年以降は予測　(出所)日本エネルギー経済研究所

高度成長期の遺物である「昭和モデル」から脱却し、今後20年で次世代に明るい未来を用意できるか。経済成長や雇用・働き方、日本型経営など主要な7つの論点で日本の進路を占う。

（林　哲矢）

【論点①　経済成長】

高度成長モデルと決別を

【ポイント】
・高度成長は設備投資が牽引した
・経済構造の変化は政策効果へ影響
・持続可能性と人の活性化が重要

岸田文雄首相が自民党総裁選で掲げた「令和版所得倍増計画」。自身の出身派閥・宏池会（岸田派）を創設した池田勇人元首相が1960年に策定した「所得倍増計画」を模したものだ。

元祖の所得倍増計画は高度成長期の熱狂の中、10年で経済規模を約2・6倍にして目標を超過した。これに対し、人口減少や産業競争力の低下など、令和の日本経済の風景はまったく異なっている。そうした中での所得倍増の掛け声に疑問を感じた人も多いだろう。

長期的な日本再生計画を考えるとき、経済成長をどう捉えるかはとても重要だ。もし高い成長が見込めるなら、1960年代の高度成長期がそうだったように格差や貧困の問題は経済成長が自然と癒やしてくれる。財政問題などに対するスタンスでも強気になれる。

しかし、構造的に高成長が困難なら、低成長下においていかに持続可能で、かつ国民が生き生きと生活できる社会を構築するかに政策資源を振り向けるべきだろう。そうすることが結局、将来の成長への種まきにもなるはずだ。日本経済再生のビジョンを描くには、今後の経済成長力を正確に見積もることから始める必要がある。

成長力の見積もりでは、60年前にそれをズバリ的中させた人物がいる。池田元首相の経済ブレーンで高度経済成長の理論的支柱となったエコノミスト・下村治氏だ。ここでは下村氏の視点を借りながら、これまでの経済成長と今後の成長力について見ていこう。そして、ポストアベノミクスの政策に必要な条件とは何であるかを考えてみたい。

高度成長のメカニズム

1960年時点で日本の戦後復興は終了しており、国内外の経験上、「年率5％程度の成長が精いっぱい」との見方が有力な経済学者を含め一般的だった。そこに同10％の成長が可能と説いたのが下村氏だ。

考え方はそれほど難しくない。成長エンジンは旺盛な民間設備投資であり、想定される設備投資の増加が1年後にどれだけの産出増（経済成長）を生み出すか、それを基に成長率を推計した。そして、その増加した生産能力を吸収するには、有効需要の増加策として財政政策や輸出（当時は国際収支均衡のためにも重要だった）などがどれほど必要になるかを考えた。

その際、①当時は重化学工業など規模の経済が働く大量生産型工業が主体であり、設備投資が生み出す産出増の効果が大きかった、②米欧からの技術導入で次々と最新設備を導入できた、③農村が豊富な労働力を供給できた、などが重要な構造的要因となっていた。

次図は、その1960年代から2010年代までの経済成長率と需要別の寄与度（ともに5年間を1期として計算）、そして就業者数を示したものだ。高度成長期は第1次石油危機があった70年代前半で終わり、その後は中成長期が90年代前半まで続き、バブル崩壊による不良債権問題で金融危機に見舞われた90年代後半からが低成長期となる。

戦後復興以降、経済成長には高中低の3ステージがあった

―経済成長率と需要要因、就業者数の長期推移―

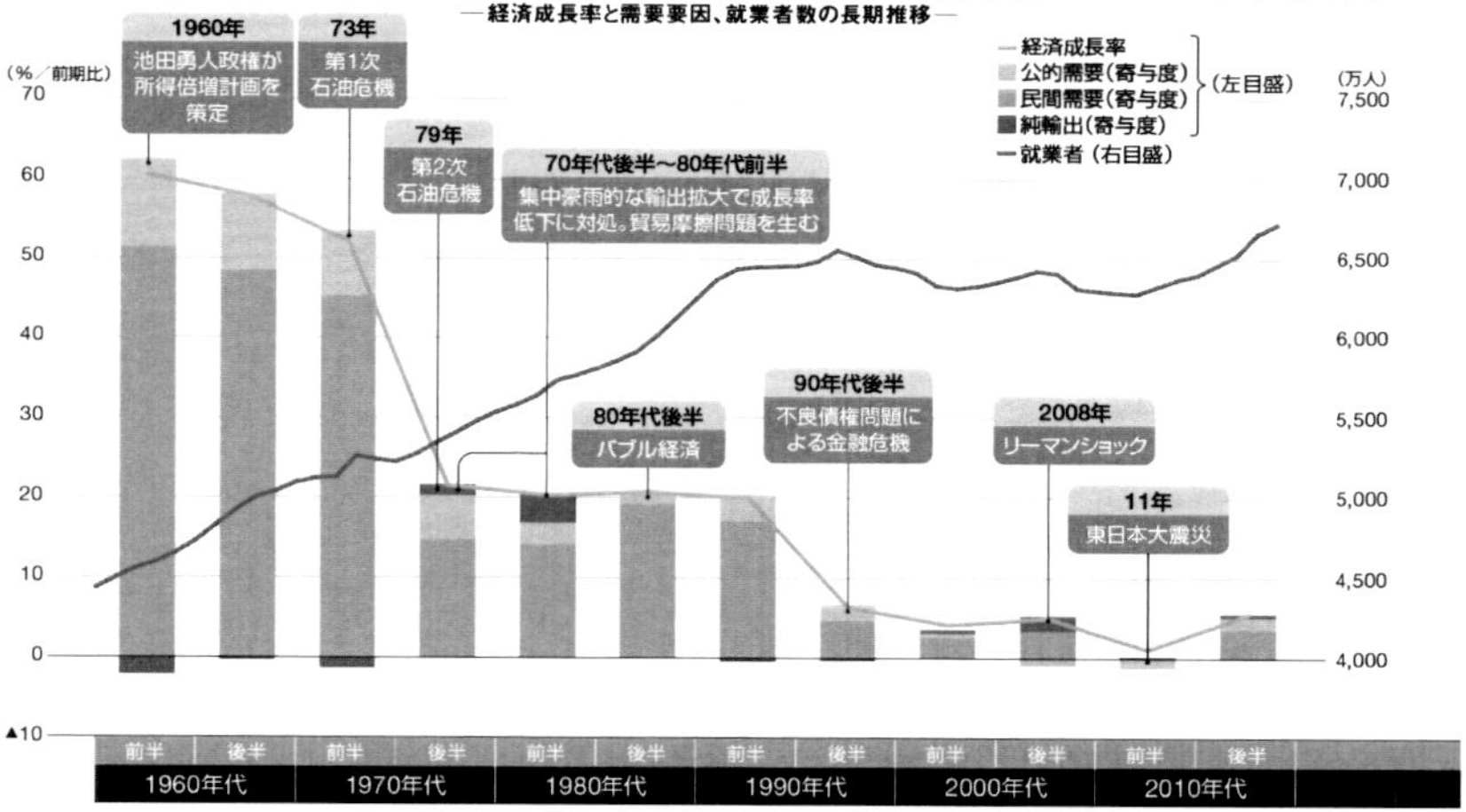

（注）データの都合上、1990年代後半の成長率や寄与度は95〜98年が対象（その直近4年を前期とした）。試算上、寄与度の合計は経済成長率と一致しないことがある。▲はマイナス
（出所）内閣府「1998年度国民経済計算」（1960〜98年のデータ）、「2019年度国民経済計算年次推計」（2000年以降のデータ）、総務省「労働力調査」を基に東洋経済作成

下村氏がユニークなのは、1970年にいち早く日本経済は減速すると主張を変え、73年の第1次石油危機後、一気にゼロ成長論を展開したことだ。下村氏のロジックは一貫していたが、経済成長ビジョンの大前提が変化したことが大きかった。

具体的には、石油の供給制約に加え、米欧技術へのキャッチアップが終わり、今後は自主的な研究開発力・イノベーションが必要となって急速な成長は難しくなること、農村の過剰人口が枯渇して労働力が不足へ転じたことなどが挙げられる。

消滅してしまった日本の高成長要因
―高度成長期モデルと現在―

高度成長期		現在
工業分野の設備投資・生産能力の拡大	成長エンジン	設備投資低迷、成長を担う新産業の不足
米欧からの技術導入で時間短縮（キャッチアップ型）	成長の要因	自主的な研究開発が必要で成果に時間要す
農村が豊富な労働力を供給	成長の要因	企業はアジアなど海外での設備投資を拡大
	成長の要因	人手不足、少子化
生産能力拡大を吸収すべく、財政政策で需要創出。成長による税収増で財政安定	政策	財政出動しても低成長が続き、財政赤字が恒常的に拡大
必要な輸入代金を賄う程度に輸出を推進	政策	海外直接投資増で、日本の輸出競争力は相対的に低下
実質所得向上を背景にサービス業も賃金・価格が上昇する好循環	波及効果	実質所得低迷でサービス業の賃金・価格が低下し、デフレ経済化を促す悪循環

（出所）下村治『日本経済の節度』、堀内行蔵『日本経済のビジョンと政策』などを参考に東洋経済作成

現在まで続くこれらの要因に対し、中成長期に打たれた施策の多くは、結果的に裏目に出たといえる。例えば1970年代後半〜80年代前半には成長率低下を補うため、電子機器や自動車、機械など集中豪雨的な輸出拡大が展開された。当時の米レーガン政権下の財政赤字拡大による需要増がそれを招いた面はあったものの、米国との貿易摩擦は激化し、その後の急激な円高を招いた。

石油危機後のリストラでは解雇を回避するため、大企業が従業員の配置転換を大々的に活用した。年功的な職能給制度は一段と強化され、現在見直し論議が高まる日本型雇用システムはこの頃に完成した。また、石油危機を受けて原子力発電所の建設が本格化したのも80年代だ。こうしたエネルギー政策は福島第一原発事故以降、暗礁に乗り上げている。

実際の中成長期の成長率は下村氏のゼロ成長論とは異なり、年率3〜4％を維持した。しかし、株価や不動産価格の高騰で成長率をかさ上げしたバブル経済が終わると、日本経済は一気に低成長へ落ち込んだ。下村氏の高度成長期モデルを基に考えれば、その理由ははっきりしている。

成長エンジンの喪失

まず成長エンジンだった民間設備投資は、バブル崩壊後、右肩上がりが完全に止まった。設備投資の内容自体もそれ以前より大量生産型から多品種少量生産型や省人化、省エネルギー化へ移行しており、直接的に産出を増やす経済成長の牽引効果は低下していた。

また、90年代の円高やデジタル化に伴う産業の水平分業化を背景に、日本企業の海外生産シフトは加速し、産出量はむしろ抑制されたのが現実だ。付加価値の高い新産業が、そこで生じる余剰雇用を吸収できればいいが、日本企業のイノベーションを生み出す力にもかつてのような勢いはない。

結果、サービス業が余剰雇用の受け皿になったものの、そこで起きたのは、高度成長期の波及効果とは正反対のことだ。物理的に労働生産性を向上させるのが難しい理容業や接客業などの対人型サービス業は、高成長時には社会全体の実質所得向上に伴って賃金が上がりやすくなるが、実質所得が低迷すれば真っ先に賃金が下がりやすい。こうした負の波及効果が低成長期に生じ、非正規雇用拡大など格差問題の温床になった。

このように見てくると、安倍晋三政権のアベノミクスがなぜ実体経済を大きく変えられなかったのかもわかるだろう。

現在の日本経済にも高成長の構造や要因があるのなら、アベノミクスのような大胆な金融政策や財政政策をきっかけに、持続的な強い経済成長が生じるだろう。またそうであれば「富裕層や大企業が富めば、低所得層にも徐々に富が行き渡る」というトリクルダウンも多少は機能したかもしれない。

低成長経済では、高成長の要因があることを前提とした政策は効きにくいばかりか有害ですらある。とくに注意すべきは財政政策だ。２１年１０月末に行われた衆院選では、コロナ禍への対応もあり、アベノミクスを一段と強化するような積極的財政政策により経済成長を目指す公約が与野党から打ち出された。

しかし、供給力先行経済だった高度成長期のロジックは「旺盛な設備投資で生み出される生産能力を吸収する有効需要の創出策として財政政策が必要」というものであったことを認識すべきだ。対して現在の与野党は、「財政政策により需要を創出し、設備投資増加の呼び水にする」ことを狙いとしており、主客転倒が著しい。

人口減少の影響を含めた低成長体質の経済は、仮に財政政策によって回復したとしても、あくまで一時的で弱いものになる。高度成長期なら、その後の累積的な経済成長と税収増で財政は均衡したが、低成長下では財政赤字が続いてしまう。財政赤字を一段と積み上げ、「成長なくして財政再建なし」に固執する危険は大きい。

■アベノミクスは高成長期の発想から抜け出せなかった ―安倍政権の主な経済政策と結果―

3本の矢＋α とその狙い

政策	狙い		結果
大胆な金融政策	大規模緩和でお金の流通量を増やせば、国民は消費や設備投資を拡大	結果	株価など資産価格は上がったが、**実体経済は大きく変化せず**
機動的な財政政策	政府の需要創出で経済回復。成長なくして財政再建なし	結果	効果は限定的。また、低成長期は経済が回復しても一時的で**税の自然増収による財政再建は困難**
成長戦略	規制緩和などにより民間企業や個人が真の実力を発揮する	結果	新たな成長産業創出はほぼ不発。**女性や高齢者など就業者数の拡大では一定の成果**
トリクルダウン	富裕層や大企業が富めば、低所得層にも徐々に富が行き渡る	結果	株価など資産価格上昇の**恩恵を受ける層とそれ以外とで二極化**
企業統治と資本市場	資産運用を促進し合理的な資源配分が実現すれば、経済は成長する	結果	企業の直接投資や個人の証券投資は海外市場へ。**国内の設備やヒトへの投資にはつながらず**

（出所）取材や各種資料を基に東洋経済作成

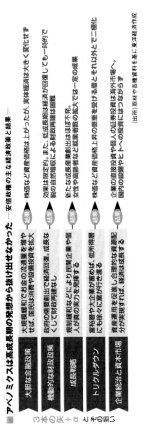

低成長でも効く政策

アベノミクスでは、個人の資産運用が推奨され、とくに海外証券への投資が広がっていった。２０００年代後半以降顕著に拡大した企業の海外直接投資もそうだが、国内より海外の成長力が高ければ、こうした投資は合理的なのだろう。

しかし、それが国内での人や設備への投資を細らせ、成長の素地をそぐとすれば、マクロ的には不合理な「合成の誤謬」にほかならない。他方、女性や高齢者の労働参加が増えて過去最高の就業者数を記録し経済成長を底上げしたのは、アベノミクスのポジティブな特徴だ。人の活性化は低成長期でも有効であり、資金確保を含め、そのための枠組みづくりが重要だ。

（野村明弘）

日本経済は次の成長への「仕込み期間」

学習院大学教授・宮川　努

下村治氏は、「日本人は目標にフォーカスできれば力を発揮できる」という信念を持ち、経済政策として人を活性化する枠組みを重視した。欧米へのキャッチアップを終え、高成長の前提だった安くて安定した石油価格、固定為替相場制なども崩れたため、ゼロ成長論へ転換したが、下村氏の経済ビジョンは今こそ評価されるべきだ。

その意味では、企業家が事業を決断する際、あまりに多くの不確実な変数が入り込まないよう政府は保障すべきだ。とくにエネルギーや食料・水、情報ネットワーク、医療などでそうした枠組みづくりが重要になる。

政府と民間企業の双方で研究開発やＩＴへの投資を増やすことも大事だ。技術者の首都圏集中も指摘されており、人材の裾野を広げないと地方で新たなビジネスは生まれにくい。

仕込み期間に何をする

現在の日本は「仕込み期間」だと思ったほうがいい。米国も1990年代前半は日本と変わらない低い経済成長率だった。しかし、あの頃に情報スーパーハイウェイ構想などITや生命科学の振興が進められ、その後、GAFA（グーグル、アップル、フェイスブック、アマゾン）が生まれる下地をつくった。

1990年代前半の米国と同様、今の日本は何を仕込むかが問われる。経営危機に陥った大企業を救うのは好ましくなく、若いベンチャー企業がもっと自由に活動できる環境をつくるべきだ。

宮川　努（みやがわ・つとむ）
1978年東京大学経済学部卒業、78〜99年日本開発銀行（現日本政策投資銀行）、99年から現職。2006年経済学博士号取得。

「安売り」依存やめ人への投資増やせ

【ポイント】
・イノベーションと成長期待の回復を
・企業統治に賃金と適正取引の視点を
・人材流動化に対応し教育投資を重視

2040年に日本が今より豊かな国になるためにはどうすべきか。生活実感として雇用が安定しつつ、賃金も増えていく必要がある。日本が長らく停滞ムードを払拭できないのは、失業率は低くても非正規雇用拡大し、全体の賃金が増えなかったからだ。

その元凶は経済成長の低迷にある。1988年をピークに日本の潜在成長率は低下し、2000年代にはほぼ1％未満が定着した。10年代には女性や高齢者の参加で労働投入量の寄与はプラスに戻ったが、資本投入量や、何より全要素生産性（TFP）の寄与が落ちた。イノベーションの力が落ちていることを示す。

成長エンジンの役割を担うはずの企業の投資が不足している。1998年から企業部門が恒常的に資金余剰となり、家計部門をしのぐほどの貯蓄超過にある。

「人口減少社会なので国内では成長が期待できない」と企業経営者はよく口にする。製造業大手は海外に工場を移転、海外企業のM&Aも行ってきた。しかし、BNPパリバ証券の河野龍太郎・経済調査本部長は「日本は人口が大きく減っているわけではない。高齢化など社会の需要構造の変化に対応した新たなビジネスができていないだけ」「海外投資といっても、かつての日本で成功した安価な大量生産のモデルをアジアで繰り返しているのが実態」と分析する。

■ 成長には全要素生産性(TFP)が重要

—潜在成長率における資本、労働、TFPの寄与度—

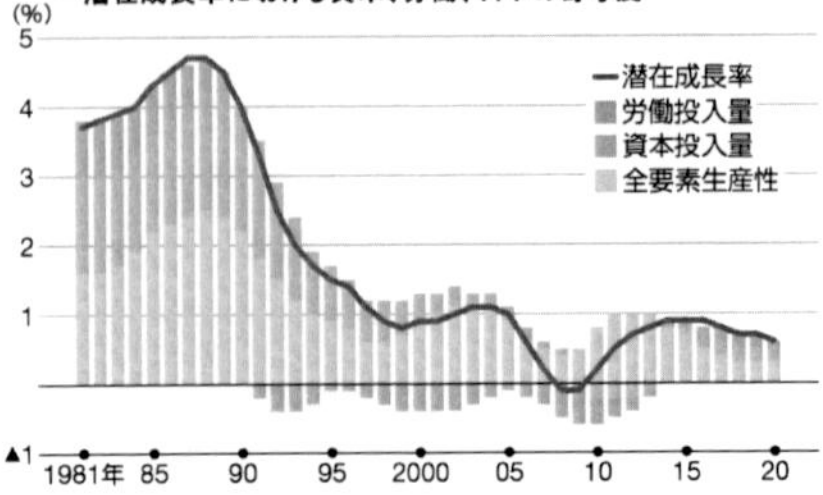

(注)▲はマイナス　(出所)内閣府

■ 家計、企業の貯蓄超過が続いている

—部門別資金過不足(対GDP比、名目)—

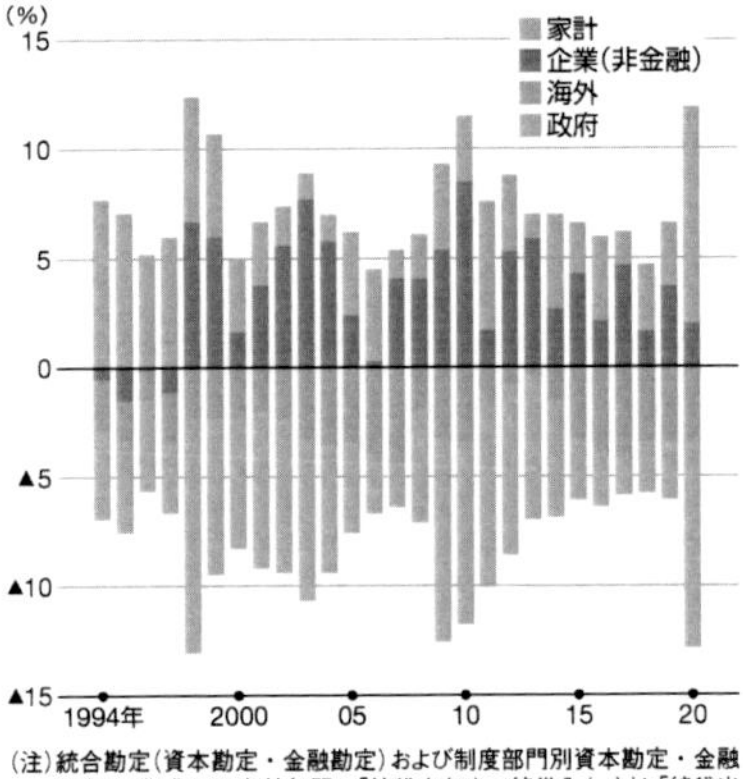

(注)統合勘定(資本勘定・金融勘定)および制度部門別資本勘定・金融勘定より作成した。海外部門の「純貸出(+)/純借入(−)」と「純貸出(+)/純借入(−)(資金過不足)」は、いずれも海外から日本を見た場合の収支尻である。したがって、日本から見た黒字はマイナス額として計上される。統計上の不突合は、支出面と生産面との間の不突合である。▲はマイナス

低成長と低賃金の悪循環

グローバル化とＩＴ化が進んで、先進国では、高度成長を支えた中間層の仕事が、新興国のより安価な労働や機械に置き換えられた。日本でも中間層が下位に滑り落ちる形で縮小。米国のように超富裕層が多いわけではないのに、所得格差は拡大している。

問題なのは、日本の賃金水準が他国に抜かれ、日本人全体が貧しくなっていることだ。これは、不況期に雇用を守る代わりに賃金を犠牲にする日本特有の労使関係が一因だ。雇用が守られたから低賃金は仕方なかったのか。

日本総合研究所の山田久・副理事長は、「日本の実質の時間当たり生産性上昇率は米国には負けるがドイツよりいい。だが、プライシングの問題で名目では劣後している」と指摘する。革新的な製品が少ないので、安売りに走る。賃金は雇用の犠牲になっただけではなく、価格決定力がなく、賃金を増やすことができなかったという読み解きだ。

さらに国際的な株主重視の潮流の中、コーポレートガバナンス・コードで株主利益の確保、ＲＯＥ（株主資本利益率）８％の達成を求められた上場企業は、下請けへの支払いや賃金を抑制するコスト削減で利益増大を目指した。トリクルダウン（大企業が儲かれば中小企業、労働者にも利益がこぼれ落ちるという理屈）も思ったように機能しなかった。

アベノミクスでは金利と法人税率が引き下げられて株主利益に寄与した。また、とくに輸出企業は円安政策によって潤った。それでも企業は法的に解雇も賃下げも難しい正社員は増やさず、非正規ばかりを増やした。今や雇用の約4割を非正規が占める。賃金が上がらず社会保障費負担が増える中、本来、消費活動が活発なはずの若者が将来不安から少ない賃金を貯蓄に回す。ＧＤＰ（国内総生産）の半分強を占める消費がますます低迷する悪循環だ。

静かなるキャピタルフライト（資金の海外逃避）の兆候もある。日本は経常黒字かつ世界最大の債権国であり、インフレ率も他国より低い。通常なら円高が進みやすい。

だが、アベノミクス以降、円高は影を潜め、実質実効レート（物価の影響を除く多通貨に対する円の実力）は73年並みという歴史的な円安だ。JPモルガン・チェース銀行の佐々木融・市場調査本部長はその原因を「製造業が儲かっても海外で再投資し、日本の賃金払いや設備投資に資金を還元しなくなったため」とする。

若い世代の個人投資も米国株が増え、構造的な円安になりつつある。製造業の海外移転が進行した結果、円安は過去と異なり輸出拡大に結び付かない。むしろ交易条件の悪化という形で国民生活を圧迫する「悪い円安」となっている。

■ **日本だけ賃金が上がらない**
—年間平均賃金、ドル換算、購買力平価(2020年基準)—

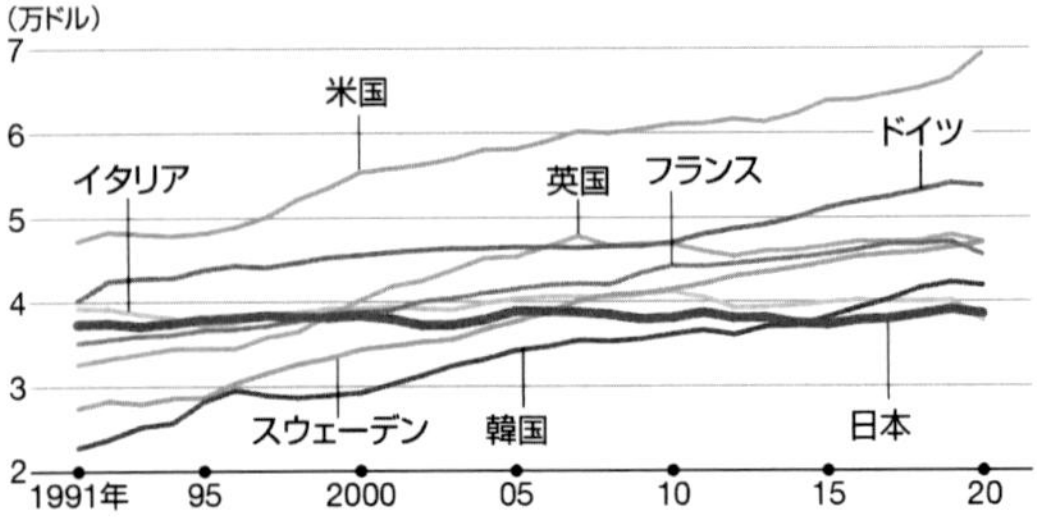

(出所)OECD

■ **実質実効レートで見ると1973年並みの円安**
—円の名目実効為替レートと実質実効為替レート—

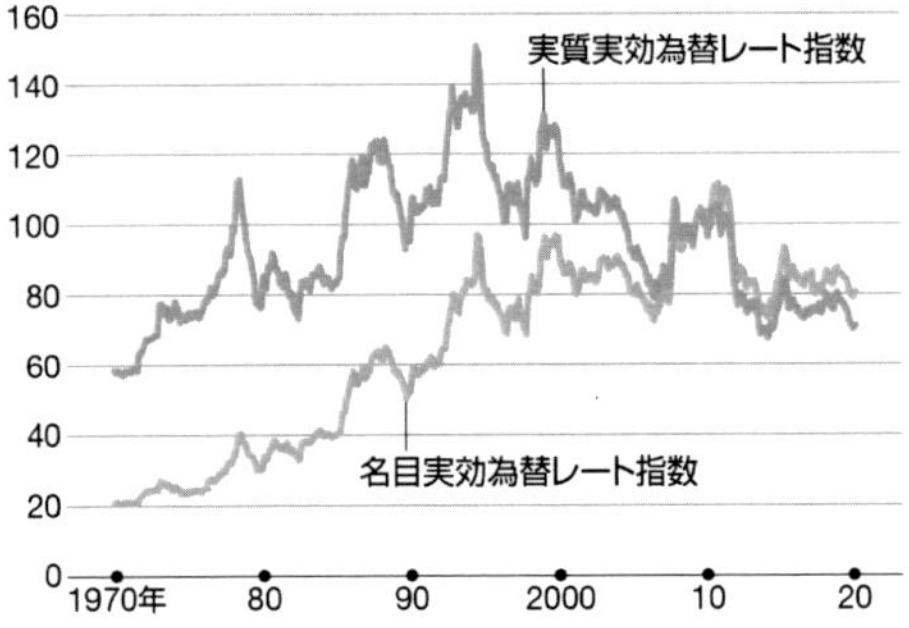

(出所)日本銀行

企業でなく個人の支援を

岸田文雄政権の誕生で「成長か分配か」という議論が盛り上がっている。ただ、分配に踏み込むにしても、機能しなくなった古いシステムの連なりを解きほぐさないことには、日本全体が貧しくなる。

まずは企業行動や企業と労働者の関係、これらに関わる諸政策を、人口動態や社会構造の変化に沿ったものに変革しないといけない。働きに見合ったより高い賃金を実現するには、適切な価格設定や資源配分を実現する必要もある。

大企業頼みの税優遇と儲からない中小企業へのばらまき政策では効果的な分配には程遠い。コロナ禍で、米国は手厚い失業保険を給付して個人を支援したのに対し、日本は雇用調整助成金を出して企業に雇用維持を求めた。だが、助成金の申請主体が企業であるため、非正規のシングルマザーなどが支援の網から漏れる事態も生じた。

需要構造の変化で立ちゆかなくなった企業を、税金を使って存続させているのも問題だ。ゾンビ企業が貴重な人材を抱え込むことは経済全体を非効率にする。

ゾンビ企業には退出を促す。それは企業に雇用維持の責任を負わせる法律や政策を見直すこととセットになる。同時に、セーフティーネットの充実や再教育・再就職の支援、起業を後押しする制度の拡充など、個人を直接支援する仕組みを整えていくべきだ。

セーフティーネットは単なるばらまきではなく再チャレンジを促す政策であるべきだ。エコノミストの多くが推奨するのが、会社倒産や失業に見舞われた場合、再教育を条件に失業保険を給付するような、北欧型の積極的労働政策だ。

日本経済の成長力を取り戻すには再教育がカギになる。雇用の流動化を可能にするし、何よりもイノベーションを起こすには人のアイデアが重要な時代だからだ。しかし、肝心の教育投資が盛り上がらない。日本では、終身雇用を前提に社会人の教育を担ってきた企業が、余裕を失ってしまった。社会人教育や社外での職業訓練はもともとあまり行われていない。

三菱総合研究所政策・経済センターの武田洋子センター長は「リカレント教育に政府や企業が補助金を出すだけでは機能しない。従業員は何を学べばよいのかわからないのが実態だ。学んだところで、それを生かせる仕事を与えられず、報酬も上がらなければ意味がない。どういう教育が必要かを把握して提供すべきなのは企業の側だ」と指摘する。

日本総研の山田氏は「欧州の企業は新卒一括でなく、実務能力のある人を採用するので、インターンシップが活発だ。日本のような短期の勉強ではなく、3カ月～半年間実務に参加するといった仕組みなので機能する」と話す。インターンシップは手がかかるように見えてゼロからの大量採用よりも企業にとって効率がよい。企業にも働き手にもメリットがある仕組みとして示唆に富む。そこに国が資金をつけることも考えられる。

適正な報酬を実現する

では、欧米のような継続的な賃上げをどうやって実現するか。

BNPパリバの河野氏は「今回の自民党総裁選で、看護師、介護士、保育士などの所得を増やすとした。これはまっとうな主張だ」と言う。「とくに介護分野は2000年以降で最も雇用が増えたが、報酬は増えていない。規制業種で財政的要請から賃金が抑えられた。最も人手が足りない分野の賃金が上がらないので、他の業種にも波及しない」と指摘する。成長分野の報酬が引き上げられれば、他産業にもその波は及ぶ。

民間企業の賃金については、早稲田大学の岩村充・名誉教授がユニークな提案をしている。企業に、株主ではなく社会や環境のためにもっぱら奉仕する役割を持つ社外取締役を置いたらよい、という主張だ。

日本総研の山田氏は、政労使会議を復活させて、あるべき中期的な賃上げの目安を示す第三者機関を設置すべきだとかねて主張している。こうした仕掛けづくりの機運も高まっているのではないか。

中小・下請け企業の賃上げを実現するには、彼らが適正価格で取引できるようにしていく必要もある。米国なら、独占力を持つ大企業の価格支配力に司法省が絶えず目を光らせている。前出の山田氏は「米国と異なりデフレ的な体質の日本では、仕入れ先、下請けに値下げ圧力をかける優越的地位の濫用が問題だ。中小企業は連携して大企業に適正価格を要求し、公正取引委員会がこれをもっと積極的に後押しすべきだ」と提案する。

こうした政策転換を行うには10年ぐらいの試行錯誤が必要だ。しかし、今から始めれば20年後の日本はもっと活気を取り戻しているのではないか。

（大崎明子）

「社会保障財源には消費税プラス社会保険料引き下げを」

BNPパリバ証券　経済調査本部長・河野龍太郎

これまでの社会保障費の財源については問題があった。

2000年代に入ってなかなか消費増税ができない中で、膨張する年金や医療などの社会保障給付の財源をどう捻出してきたかというと、現役世代の社会保険料の引き上げで対応した。

企業はその一部を負担しているので、正規雇用のコストがますます高くなった。そのことも非正規雇用を増やした一因だ。

さらに、第2次安倍晋三政権になって消費増税と同時に法人税率を引き下げたので、実質的な労働所得課税の強化になった。これでは、消費が回復しないのも当然だろう。

提案したいのは、消費税率を引き上げる際、逆進性対策として低所得者向けに社会保険料の引き下げを行うことだ。困窮する現役世代が豊かな高齢者の社会保障をサポートしているという問題の緩和策にもなる。

企業にとっても社会保険料の引き上げはコスト増の要因となるが、消費税は仕向地課税なので、コスト増とならず、海外競争力をそぐおそれもない。

消費税は付加価値税なので、その性格は労働所得課税プラス資本所得課税だ。それに社会保険料の引き下げを組み合わせれば、労働所得課税はオフセットされて資本所得課税だけが残る。経済格差が拡大している時代に望ましいのは資本所得課税だ。

河野龍太郎（こうの・りゅうたろう）
1987年横浜国立大学卒業。住友銀行、大和投資顧問、第一生命経済研究所を経て2000年から現職。政府の審議会などの委員を歴任。

INTERVIEW

「企業は社会貢献で理念を共有へ　働き手は自立と自律を」

慶応大学大学院教授・鶴　光太郎

「人は何のために働いているのか」を企業は考えなくてはならない。企業が利潤の最大化を追求することは大前提だが、従業員はそのことには感動しない。

賃金も必要だし人によっては出世を求めるかもしれないが、働く人の多くは、社会の役に立つ、人のためになっているといった、社会貢献を大事にする。企業もそういう理念を従業員と共有できないと、とがった人材をつなぎ留めておくことはできない。

ＳＤＧｓ（持続可能な開発目標）やＥＳＧ（環境・社会・企業統治）が重要視され始めた。これまでは、企業がこうした取り組みをコストだと思っていたから前に進まなかった。しかし、今はＳＤＧｓやＥＳＧに積極的に関与することが消費者から評価され、長い目で見たら利潤最大化、企業価値の最大化にもつながると気づく企業が増えてきた。これは従業員を束ねる大きなポイントになる。

これから働く人に必要なことは2つの「ジリツ」だ。自ら立つ「自立」と、自ら律する「自律」。日本でも働き方改革で長時間労働や転勤が減り、本人や家族の意向を人事に反映させるようになってきた。リモートワークも増えた。こうした時代には自分で自分のキャリアを選択する必要があるし、他方で自分を律することができないと職業人としてやっていけない。自立と自律のできる人はイノベーティブな仕事ができる。

鶴　光太郎（つる・こうたろう）

1960年生まれ。東京大学理学部卒業、英オックスフォード大学大学院経済学博士(D.Phil.)。旧経済企画庁などを経て現職。

日本企業　復活への道筋

【ポイント】
・若いアイデアを生かせる人事制度を
・社員の前に経営者から改革を始めよ
・ベンチャーは確実に芽吹いている

長きにわたる日本経済の低迷は、日本企業の競争力の低下が原因だ。世界の時価総額ランキングではトヨタ自動車でさえ41位。100位以内に日本企業は3社しかない。1989年には7社がトップ10に入っていた。バブル景気の絶頂だったことを割り引いても凋落は否定できない。

日本のトップ、トヨタでも世界で41位
―時価総額ランキング―

1	アップル（米）	2.39兆ドル
2	マイクロソフト（米）	2.28兆ドル
3	サウジアラムコ（サウジアラビア）	1.99兆ドル
4	アルファベット（米）	1.89兆ドル
5	アマゾン・ドット・コム（米）	1.73兆ドル
6	フェイスブック（米）	9156億ドル
7	テスラ（米）	8346億ドル
8	バークシャー・ハサウェイ（米）	6433億ドル
9	テンセント（中）	6068億ドル
10	台湾積体電路製造（TSMC）（台）	5556億ドル
日本勢の上位		
41	トヨタ自動車	2418億ドル
95	キーエンス	1438億ドル
99	ソニーグループ	1400億ドル
151	リクルートホールディングス	1052億ドル
165	NTT	990億ドル

（注）世界の上場企業が対象。時価総額は10月15日時点
（出所）S&Pグローバル・マーケット・インテリジェンスのデータを基に東洋経済作成

その要因について「９０年代のデジタル革命で日本企業が得意としたキャッチアップ型、ハードウェアの大量生産モデルが終焉を迎えた」と分析するのは経営共創基盤グループの冨山和彦会長。

雇用創出力の大きいものづくりが不要になったとはいわないが、需要構造が変わり、知識集約型のデジタル産業がより大きな付加価値を生むようになった。その証拠に時価総額ランキング上位にはＩＴ・ネット系企業が並ぶ。

問題なのは、知識集約型産業で日本企業の存在感が乏しいこと。ネットサービスはいうまでもない。象徴的なのはソフトウェアだ。７４位にようやく日本オラクルが現れるが、同社は米オラクルの子会社だ。その次は９５位のトレンドマイクロで、こちらも日本企業といえるかは微妙。医薬品や半導体・半導体製造装置でもトップ１０に日本勢は入らない。

上位の日本企業はわずかしかない ―業種ごとの時価総額ランキング―

半導体／半導体製造装置		
1	台湾積体電路製造（TSMC）（台）	5556億ドル
2	NVIDIA（米）	5457億ドル
3	ASML（オランダ）	3215億ドル
4	インテル（米）	2209億ドル
5	ブロードコム（米）	2071億ドル
14	東京エレクトロン	675億ドル

医薬品		
1	ジョンソン＆ジョンソン（米）	4246億ドル
2	ロシュ（スイス）	3394億ドル
3	ノボ ノルディスク（デンマーク）	2348億ドル
4	ファイザー（米）	2326億ドル
5	サーモフィッシャーサイエンティフィック（米）	2291億ドル
26	中外製薬	575億ドル

ソフトウェア		
1	マイクロソフト（米）	2.28兆ドル
2	アドビ（米）	2903億ドル
3	セールスフォース・ドット・コム（米）	2855億ドル
4	オラクル（米）	2606億ドル
5	SAP（独）	1728億ドル
74	日本オラクル	118億ドル

（注）世界の上場企業が対象。業種分類はS&Pグローバル・マーケット・インテリジェンスによる。順位は各業種内のもの。時価総額は10月15日時点　（出所）S&Pグローバル・マーケット・インテリジェンスのデータを基に本誌作成

こうした知識集約型産業では突出した個人によるイノベーションが競争力の源泉になるが、「新卒一括採用で同質的な人材を集めてチームワークを重視する日本企業の仕組みではイノベーションが起きにくい」と慶応大学大学院商学研究科の鶴光太郎教授。日本企業の凋落の背景に「日本型経営」の行き詰まりがあることは確かだろう。

炎上した「45歳定年」発言

サントリーホールディングスの新浪剛史社長の「45歳定年制」発言が飛び出したのは2021年9月のことだ。日本企業は年功序列と終身雇用を前提に若いときには給与を抑えているため、回収期に退社を強いるような発言は批判を集めた。今もなお〝炎上〟している。

一般社員の生活設計を困難にして少子高齢化を加速させかねない。高年齢者雇用安定法では60歳未満の定年を禁止する。同法では65歳までの雇用確保を義務、70歳までの就業確保を努力義務としている。いずれにしろ人生100年時代に逆行する発言というわけだ。

ただし、45歳の「定年」にこそ問題はあるが、終身雇用見直しの必要性は多くの識者が否定しない。

2013年に『日本成長戦略 40歳定年制』という著書を出している東京大学大学院経済学研究科の柳川範之教授は「大企業の年功序列がいろいろな意味で足かせになっていることは事実。年功的な賃金が問題なのではなく、年齢がある程度上にならないと意思決定に関与できないため新しいアイデアを生かせず、世界の技術革新の構造から取り残されている」と話す。

年功による賃金カーブは緩やかになってきた。それでも大企業ならば経営に関われるようになるのは40代以降。海外ならこの年齢でのトップ就任も当たり前だが、日本なら世襲など以外では珍しい。次々と新しい技術やサービスが生まれるIT・ネットの領域で劣勢を強いられるのも無理はない。

一方、労働政策に詳しい日本総合研究所の山田久・副理事長は「日本型雇用を完全に否定して米国型に一気にシフトすればいいという議論は間違いだ。これまでそれをやろうとして失敗してきた」と警鐘を鳴らす。地道に品質を高めていくのに向いている日本型を捨てると、強みを失うおそれがある。

さらに「ジョブ型雇用にすればいいといった短絡的な議論があるが、欧州は全部ジョブ型。失業率が高い南欧のようになりたいのか。ジョブ型にすれば競争力が上がってすべて解決するなどということはない」ともいう。その山田氏も「日本のメンバーシップ型雇用はマイナス面が大きくなった」と改革の必要性は認めている。

どうすればいいか。

年齢ではなく、役割や成果で個人を正当に評価する、転職が不利にならない、といった制度へシフトするのだ。30年間も議論を続けたことで目指すべき方向ははっきりしている。実行できないのは、一企業だけの努力では難しいため。安心して転職できるセーフティーネットや再教育の仕組みを社会全体で構築していくほかない。

もっとも、雇用制度は変えなければいけない日本型経営の要素の1つでしかない。財務戦略、株主との関係、ビジネスモデル――日本企業、日本経済の復活には経営を根本から改革する必要がある。

そうした改革の成果を上げるには「経営者の説得力が必要」と冨山氏は指摘する。「説得力がないと、『おまえに言われたくない』と誰からも聞く耳を持たれない」。

日本の大企業の場合、大半の経営者は年功序列で出世してきた。そのことは財界の総本山である経団連の会長・副会長を見れば明白だ。19人いる会長・副会長の実に18人がいわゆるプロパーだ。

〝経団連銘柄〟の経営者はよほどの不祥事でもない限り、暗黙のうちに決められた任期を、全うしていく。業績悪化でクビになることなどごくまれで、社長退任を余儀なくされたのに会長に就任することも少なくない。そんな彼らが日本型雇用の見直しを訴えても説得力はゼロ。人件費削減の方便としか受け取られないのは当然だ。

これまで大企業が日本型雇用を含む、経営の改革を打ち出したことは何度となくあった。そのほとんどがうまくいかなかったのは、社員に厳しく経営者には甘かったからだろう。

1990年代に華々しく成果主義を打ち出した富士通では、事なかれ主義が蔓延して社員の士気低下が深刻化した。2001年に業績悪化の責任を問うた本誌のインタビューで、当時の秋草直之社長は「社員が働かないから悪い」と発言し、社員の総スカンを食った。発言にはそれなりの背景があったものの、最も重い責任を負うトップが自分を棚に上げては改革などできない。

富士通や秋草氏だけが特殊なのではない。大企業では大なり小なり似たようなものだ。社員に変革を説く前に、変わるべきなのは経営者自身である。

ダモクレスの剣が必要

では、経営者が自らの言葉に説得力を持たせるには何が必要か。冨山氏は「経営者にダモクレスの剣（栄華の中にも危険があること）を用意すること」と言う。具体的には、経営者をクビにする覚悟と見識を持った取締役、とくに社外取締役を置くことだ。

20年近く、日本企業はガバナンス改革に取り組んできた。社外取締役を充実させて経営監視を強めてきた。しかし、肩書ばかり立派な社外取締役が経営者に異議を唱えることはまれで、無謀なM＆Aを見過ごすなど、ガバナンスが形ばかりという企業も少なくない。過去の反省から逆ねじが効きすぎた東芝のように、日常業務から中期経営計画の策定まで社外取締役にお伺いを立てる企業もある。

「取締役会の仕事は短期業績の監視ではない。善管注意義務は株主に対してではなく、会社に対して負っている。最も大事なのは社長候補の選抜と社長の指名。社内にいなければ社外から連れてくるべきだ」と冨山氏は力説する。

これに対し「既存企業の改革は必要だが容易ではない。新しい会社を伸ばしていくことが大事だ」と柳川氏は強調する。

世界に君臨する米GAFA。アップルこそ76年創業だが、アマゾン・ドット・コムは94年、グーグルは98年、フェイスブックは04年である。ベンチャーによる新しいビジネスこそ高収益を確保できる可能性を秘めており、株式や雇用を通じて国の経済を潤す。

古い制度を引きずっていないベンチャーは、ゼロから制度を設計できる。年功序列ともほとんどが無縁。こうしたベンチャーが増えていけば、雇用の流動化が実現しやすくなっていく。

ベンチャーの必要性も、日本で数十年、言われ続けてきた。近年で大成功したベンチャーは81年のソフトバンクグループくらい。うまくいっているとは言いがたい。

だが世界的なカネ余りが一因であるにしても、ネットサービスを中心にコストが急低下していることが起業を後押ししている。若く優秀な起業家の目には日本の停滞はむしろチャンスと映っているようだ。

（山田雄大）

「日本が不利だとは思わない　多様性の尊重に注力する」

バイタログヘルス　ファウンダー＆ＣＥＯ・長谷川彩子

幼少期から研究者になりたかった。が、留学のため見学した米国の研究室と日本の環境の差を目の当たりにし、研究を社会に還元する仕組みをつくりたいとベンチャーキャピタリストを志した。

まずはビジネスを学ぼうとコンサルティング会社に入った。留学した英国で起業を考えている同僚が多く感化された。その後、健康を害したことで体調管理やホルモンの重要性を認識した。だが、忙しいと医療機関に行く余裕もない。

そこでホルモンのセルフ検査を事業化した。自宅で採血して郵送すると、検査結果はスマートフォンに返ってくる。気になる結果が出た人に医療機関を紹介する。現在は妊娠と更年期に関わる2種のホルモンチェックを提供している。

妊娠や出産は女性の人生とキャリアに影響を及ぼす。自分の人生を自分で決める選択肢を増やしたい。ただ、女性のためだけのサービスだとは思っていない。女性の幸せはパートナーである男性の幸せでもあるし、この先は他のジェンダー向けサービスも提供したい。

日本が起業に向かないとは感じていない。失敗しても生きていける。「課題」を意識するのではなく、「こうだったらいいよね」と思う世界をつくるだけだ。従業員との関係は、会社と個人の成長の方向性が一致したら一緒にやるというもの。優秀な人材が働きやすい、多様な人材がお互いを尊重するような仕組みづくりに注力している。

長谷川彩子（はせがわ・あやこ）
東京大学大学院薬学系研究科卒業、英ロンドンビジネススクールMBA、薬剤師。アクセンチュアなどを経て2020年に起業。

「個が勝負できる社会づくりを教育でサポートしたい」

アタマプラス代表取締役・稲田大輔

学生時代から「人々の笑顔を増やす」ような仕組みをつくりたいと思っていた。そうした事業を起こせるのではと三井物産に入った。社内留学で行ったブラジルは経済的に恵まれていなくても笑顔の人が多かった。理由を考えると幼少期の過ごし方が違う。日本は基礎学力を高めることに忙しく、「社会で生きる力」を身に付ける余裕がない。新たな教育を通じて笑顔をつくろうと考えた。

当初は社内で教育事業を立ち上げたが、新しい仕組みをつくるならゼロからのほうが早いと起業に踏み切った。人事部任せにするより優秀な人材を集められる。資金調達も稟議書を書いて承認をもらうより、自分でやったほうがいい。失敗しても死ぬわけではない。人生を懸けてやりたいと思ったことに挑戦しない理由はない。

主力事業はＡＩ（人工知能）で個別最適化した教材を塾に提供すること。一人ひとり自分に合った勉強ができるので効率的に基礎学力を高められる。オンライン模擬試験を駿河台学園と開始した。試験終了後すぐに結果がわかり、弱点を補える。立命館大学とは新しい入試の仕組みも開発している。将来は海外にも展開したい。

日本企業がもっと競争力を有するようになるには何が必要か？　一人ひとりが個で勝負する社会になるといい。そのためには初等教育がより重要になる。僕らはその手助けをしていきたい。

稲田大輔（いなだ・だいすけ）
1981年生まれ。2006年東京大学大学院情報理工学系研究科修了、三井物産入社。海外ＥｄＴｅｃｈ投資責任者などを経験。17年に起業。

【対談】「持続可能な国」造る政治を

東京大学大学院教授・五百旗頭　薫
前衆議院議員・小川淳也

【ポイント】
・政治は国民に負担増を求める覚悟を
・税を預ける政治への信頼を取り戻せ
・野党は長期視点でブランド確立を

２０２１年１０月３１日投開票の総選挙に際しては、与党も野党もばらまき的な公約を並べた。持続可能な日本を構築するため、国民に負担増を求める政党が政権を担うことは不可能なのか。「将来的には北欧型に近い社会に」が持論である立憲民主党の小川淳也・前衆議院議員と、政党政治の歴史に詳しい五百旗頭薫・東京大学大学院法学政治学研究科教授が日本政治の課題を探った（対談は10月12日にオンラインで実施）。

【小川】長期的には、日本の最大の問題は人口減少と高齢化だ。年間40万人の人口が減っており、やがて年100万人減のペースになる。また高齢化率も29・1%（2021年）が40%にまで上昇し、そこで天井を打つ。この構造変化の激烈さを、多くの国民は理解しているだろうか。

人口減と高齢化を前提に社会の構造を大きく組み替えないと、財政危機、極端な円安、インフレなど多大な犠牲を払うハードランディングが避けられない可能性もある。（日本が経験したハードランディングである）太平洋戦争の時代を振り返り、日中戦争や日米開戦といった不可逆的な危機を避け、ソフトランディングできる可能性はなかったのか、歴史のIFを考えることがある。今後の日本も、社会全体が持続可能性を回復しソフトランディングできるよう、政治家、政党はあらゆる不都合を包み隠さず国民に説明して、対話と説得に努めるべきだ。全体的な構造問題に触れずに、成長戦略や少子化対策といった単体だけを議論しても、国民が暮らしの不安から解放されることはない。

【五百旗頭】歴史家の視点で見ると、今の日本は日清戦争（1884～85年）、日露戦争（1904～05年）後の状況と似通っている。2つの戦争を経験した当時の日本は、多額の借金を抱えて財政がボロボロになった。野党の指導者だった大隈重信（1838～1922年）は、「健全財政の道に戻すしかない」と言い続けた。なかなか選挙には勝てなかったが、財政が本当に厳しくなったときに大隈の劇的な政権復帰が実現する（大隈は1914年に首相に再就任）。つまり、正論を言う野党が政権を取ったという例が歴史に残っている。

ただ、健全財政派の政権が実現した途端、第1次世界大戦（1914～18年）が勃発。欧米諸国が日本の商品を争って買うバブルが到来し、健全財政色が薄れてしまった。もし「頑張って健全財政を実現した」という記憶が国民にあれば、今の政治に対する見方も変わったかもしれない。

有権者には冷静な一面がある。誰も負担増は望まないが、社会構造の大きな変化の前には、「このままで大丈夫なのか」と疑問に感じているはずだ。例えば日本のTPP（環太平洋経済連携協定）加入が実現したのも、「農業への保護が現状のまま続くとは思えない。変えるなら、それに合わせて計画を立てるので早くはっきりさせてくれ」という気分が、農業の強い選挙区でも高まった結果だと思う。状況が悪いなら悪いで、それに合わせた負担増を早く決めてくれと思っている有権者は多いのではないだろうか。

【小川】立憲民主党は現在、消費減税をうたっており、私もその必要性は理解している。しかし、長期的には法人税や所得税の累進性回復、相続税や消費税なども含め、北欧型の税制改革を議論せざるをえないと思っている。これは財務省的な財政収支偏重論に立ったものではない。社会全体を持続可能な形にソフトランディングさせるための、政策の全体像を踏まえた取り組みだ。

負担と受益に関して、ある思考実験をいろいろな人に提示している。あくまで極端な例として聞いてほしいが、例えば消費税と反対給付を単純化して、「消費税ゼロ＆ベーシックインカムゼロ」から「消費税１００％＆ベーシックインカム毎月１０万円。ただし医療・保育・教育・介護など社会福祉すべて無償かつ社会保険料負担ゼロ」まで選択肢を設けて選んでもらう。

これまで圧倒的多数が選んだのは後者、つまり「高負担・高福祉」の選択肢だ。かつ若い世代ほどその傾向が強い。つまり、みんな負担が嫌なのではなくて、税を預ける政治に信頼が置けないということなのだ。真顔で真剣にこうした政策を打ち出す指導者が出てきたときに、有権者にどんな変化が起きるだろうか。

【五百旗頭】今、野党は農村部では弱いといわれている。だが農村部には、集落をどう運営するかを自分たちで考える「統治者の目線」を持っている人が一定数いるものだ。「今の政治で大丈夫か」と考えたときに大きく転換する可能性はあると感じている。

自民と野党の決定的な差

【小川】10月31日投開票の総選挙では、主要政党だけで野党が7つもある。政策の違いもさることながら、選挙区のすり合わせといった内部調整だけで手間取って消耗している。これでは自民党との勝負になかなかならない。

自民党では選挙に負ければ岸田文雄総裁が必ず退陣する。一方、野党の党首にも「政権を取れなければ総退陣」と退路を断って闘ってほしいと思うことがある。そうでなければ自民との互角の勝負にならないと感じる。まだまだ現状、直ちに政権交代という機運が高まらない1つの背景ではないかと思う。

【五百旗頭】確かに今の野党、例えば立憲民主党にしても、「枝野幸男氏が代表を当面続けるんだ」という雰囲気になっている。与党が危機感を抱くほどの支持率を野党が得ないと、政権自体に緊張感がなくなり、日本の政治にとってよくない。副作用も多く生まれる。

自公のような連立政権は一見すると脆弱なようだが、実は自公の間でさまざまな調整がなされ、野党の見せ場がなくなる。公明党が左派として自民に異議申し立てをして、自民が意見を取り入れる。（保守派である）日本維新の会まで連立与党に加われば、野党の立場はますます厳しくなるだろう。

【小川】野党である立憲民主党の国会議員として、09～12年の民主党政権が未熟さ、稚拙さもあり3年で倒れたことは、国民に対して今でもたいへん申し訳ないと思っている。国民が民主党にがっかりしただけならまだよかったが、政治そのものにまでがっかりしてしまった可能性がある。

民主党が政権を奪った2009年8月衆院選は、投票率が69・28％と近年類を見ない高さだった。だがその後の衆院選は、投票率が3回とも50％台にとどまっている。有権者の約20％に当たる約2000万人が、投票所から足の遠のく結果となってしまった。

中村喜四郎・衆議院議員（立憲民主党、当選14回）が国民の政治への関心の低下について、「安倍晋三政権は、国民を諦めさせることに成功した史上初の政権だ」と言っている。投票率を見ると、まさに中村氏の指摘が的を射ていると思える。

【五百旗頭】「国民を諦めさせた」という指摘はなるほどと思う。菅義偉政権の後半は国民のみならず、自民党支持層である保守層からも飽きられたのではとも感じている。

【小川】確かに、菅政権では内閣支持率がどんどん下がった。一方の野党はというと、内閣支持率が下がっても野党支持率はなかなか上がらない。与党倒れ、敵失待ちだけではなく、野党自体に積極的な魅力がなければいけない。

野党が魅力を取り戻すにはカギが3つある。

1点目は無私・無欲の姿勢だ。経済が低迷する中、拡大成長期のように「パイの分配が政治の仕事」とは言えない時代になっている。昭和の政治のように権力を私物化し、選挙区にパイを分配することは難しい時代だ。厳しい時代だからこそ、政治家自らが無私・無欲の姿勢で政治に取り組まなければならない。自民党の長期政権が権力を私物化した。では一方の野党は無私・無欲の姿勢なのか、という有権者の問いかけに応えなければならない。

2点目はやはり政権時代の真摯な反省と総括だ。民主党が政権を担った3年間について、何を反省しどのように総括し、それを今後どのように生かすのか。その答えを国民に明確に伝えないと、聞く耳を持ってもらえない。現実に10年近く経ってもなお、野党の支持率は上がらない。国民の傷は癒えていないと考えるべきだ。

3点目は政策だ。人口減、低成長、財政悪化、気候変動といった、歴史上経験したことのない構造問題に日本や世界は直面している。このような大きな問題にどんな政策で臨むのか、体系立った全体像を国民に示す必要がある。

この3点がそろわないと、政権政党として立憲民主党が再び認められることは難しい。

政党とブランド力

【五百旗頭】政党が国民から支持を得るには、政党としてのブランド力も重要だ。英国の政党政治の例を見ると、1つの政党が政権を取ってしまうと10年ぐらい、その政党の政権が続く。野党は長い野党生活を覚悟したうえで、次の政権奪取に向けてブランドづくりに力を入れる。政権を取り返そうと焦ってブランドづくりがおろそかになってしまうと、いつまでも政権を取り返せない状況に陥ってしまう。

戦前の日本を見ても、1920年代の2大政党のうち立憲政友会は保守・地方分権・積極財政。一方の憲政会（後の立憲民政党）は進歩・中央集権・緊縮財政。政党にはこのブランドが大切だ。「この政党はこうだよな」という認知されたブランド力と、時代の要請とが合致した瞬間、ガバッと票が取れる。

2021年の選挙では、立憲民主と日本共産党が、「限定的な閣外からの協力」で合意した。今回の協力をきっかけに、立憲が共産の役割の一部を担っていく可能性がある。左にぶれつつも時が来れば中道へ戻り、政権を担える政党に脱皮するという流れなのかなと。これはこれで、歴史的意義があるかもしれない。他方で維新や国民民主党はブランドを自覚的に構築しつつあるため、立憲が戻ろうとしたときに戻る位置があるかはわからない。
歴史家の視点から見て、現在は各野党が自らの可能性、ブランドを模索している時期なのだろう。野党が模索をやめると、政治への不満の受け皿がなくなってしまいかねない。

【小川】英国の例はまさにそうだ。12年に下野する直前、ある研究者からメモ1枚を渡された。当時のメモは、今も議員会館の自室に貼っている。

メモには「英労働党が戦前に政権を初めて担当したときには1年で倒れている。2回目は2年で倒れている。3回目で初めて一定期間、政権を担当し国民から認められた」と書かれていた。

仮に非自民政権という文脈で日本の政治を見てみると、1回目が細川護熙政権(1993～94年)の約1年。2回目が民主党政権(09～12年)の3年。「3回目の次こそは一定期間、安定して政権を担わねばならない」責任がある。そのための第一歩として、まずは政権を担える政党として、再び国民に認知されなければならない。

長期的な視点を持つ

【五百旗頭】今の与党を見ると、右から左まで政策のウィングが広い。一方の野党は多極化して政策が局所的。そういった政策で勝負できないときは、「時間」で勝負するという方法もある。

官邸主導でトップダウンだった安倍政権、菅政権は短期対応が強かった。「コロナ対応も安倍政権には有利かな」と当初は思えたが、コロナ禍は短期ではなくしばらく続く危機だった。刹那的に見える判断が目立ち、安倍、菅政権の退陣という流れになった。

一方の野党も、「対応がまずい」「スキャンダルをどうするのか」といった、短期対応で勝負しようとしている。だが岸田政権は、短期対応にはもたつきが目立つものの、「少し長期的にものを考えますから」というスタンスを示している。「そんなものかな」と有権者が思った瞬間、野党のほうが古くさく見えてしまう。

今後はより長い時間軸にウィングを広げる。「財政を持続可能にするにはどうすればよいか」を問う。そこで自民党とは違うブランドを確立し、うまく言語化する。

日本にとって何が正しいかという軸を見定め、その軸に合わせてブランドを確立するというのが、野党に必要な作業だ。重要なのは長期的に日本社会がどうなるか、どうしていくべきかという見通しを持つことだ。

（構成・林　哲矢）

五百旗頭　薫（いおきべ・かおる）
1974年生まれ。東京大学法学部卒業。博士（法学）。専攻は日本政治外交史。著書に『大隈重信と政党政治』『条約改正史』『〈嘘〉の政治史』。

小川淳也（おがわ・じゅんや）
1971年生まれ。東京大学法学部卒業後、自治省（現：総務省）に入省。衆議院議員を5期務めた。近著に『本当に君は総理大臣になれないのか』（共著）。

【論点⑤　移民】

高度外国人材を吸引せよ

【ポイント】
・高度外国人材は多様性と革新を生む
・世界から見た日本の魅力度は低迷
・日本人社員化の是正など課題は山積

人口減少で世界の先頭を行く日本。生産年齢人口は2040年に6000万人割れ（20年は約7400万人）が予想される。その中で経済成長と活力を保つには、外国人材の活用が欠かせない。

2つの側面がある。1つは、人手不足対策など労働力を量的に確保するための活用だ。外国人労働者は２０年１０月末時点で約１７２万人と、１０年前比3倍に増えた。とくに増えたのが技能実習生と留学生だが、前者は技術移転による国際貢献、後者は学習が本来の目的。しかも低賃金・長時間労働などの人権侵害が社会問題化している。

政府は１９年、新たな就労目的の在留資格「特定技能」を創設。介護、外食、建設など１４業種を対象に、人手不足対策として正面からの外国人受け入れを解禁した。ただし、受け入れ体制の改善という根本的課題は残ったままだ。

■ 将来人口の減少は世界で突出

―世界主要国の人口推計(国連)―

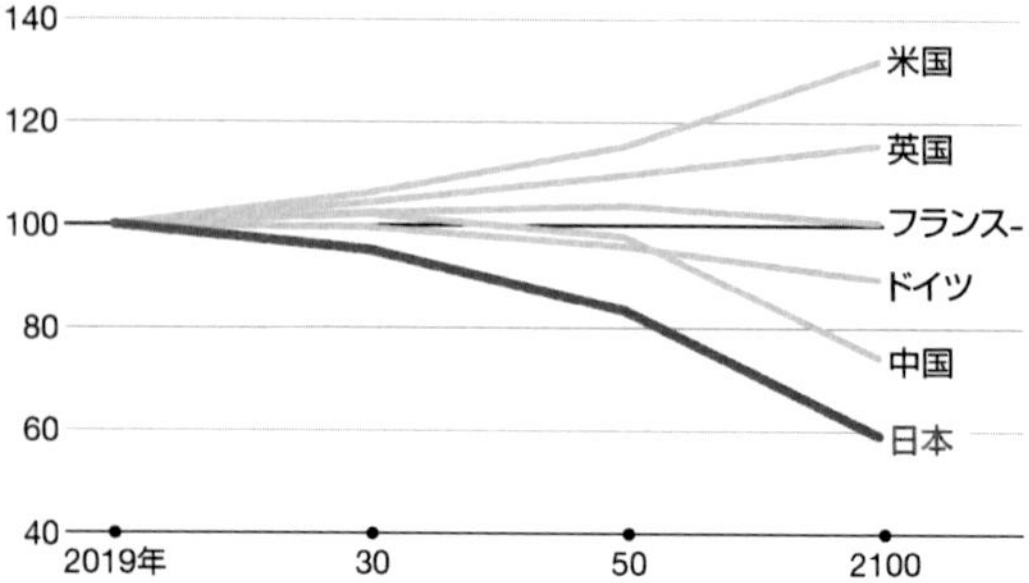

(注)2019年を100とした指数 (出所)国際連合「世界人口推計」2019年版

■ 近年の増加は技能実習生、留学生が中心

―在留資格別の外国人労働者数―

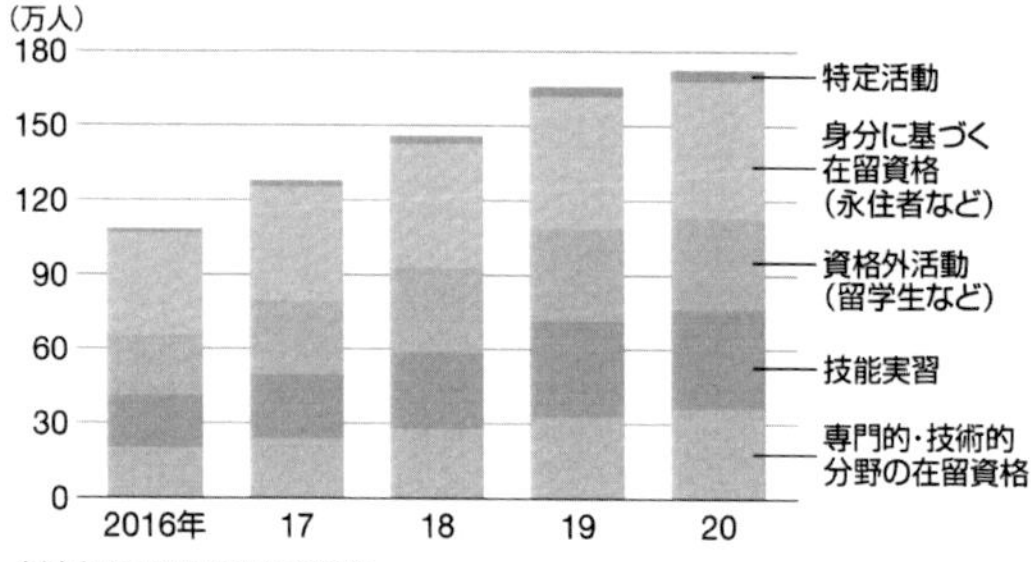

(注)各年10月末時点の数値
(出所)厚生労働省「『外国人雇用状況』の届出状況」

なぜ高度外国人材か

もう1つの側面が、「高度外国人材」の活用である。

高度外国人材とは、研究者やIT技術者、起業家など高度な専門技術や知識を使って仕事をする外国人を指す。「専門的・技術的分野の在留資格」（20年10月末で約36万人）に該当し、増加傾向にある。ただ、その資格の中には偽装就職による単純作業者も多いとみられ、正確な人数は把握できない。

人口減の中で経済成長を続けるには先進7カ国で最低とされる労働生産性の向上が必要だ。高度外国人材はイノベーションを促し生産性を向上させるとして、政府は積極的誘致を成長戦略の1つに掲げている。

2012年には高度人材ポイント制を開始。学歴・年収などの項目ごとにポイントを設け、一定の点数に達したら高度専門職の在留資格を与えて永住許可要件緩和などの優遇を行う制度だ。20年末時点で高度専門職の認定件数は累計2万6406件（うち在留者は1万6554人）。政府は22年末までに4万件の認定を目指している。

外国人材活用が専門の九門大士・亜細亜大学アジア研究所教授は、「多様な経歴と価値観を持つ外国人材を活用すればイノベーションが生まれやすい」と、組織のダイバーシティー（多様性）の重要性を強調する。米アップルなど世界トップ30社の創業者を見ても、半分は1世か2世の移民だ。

■ 外国人の比率は主要国で最低
—全人口に占める在留外国人比率—

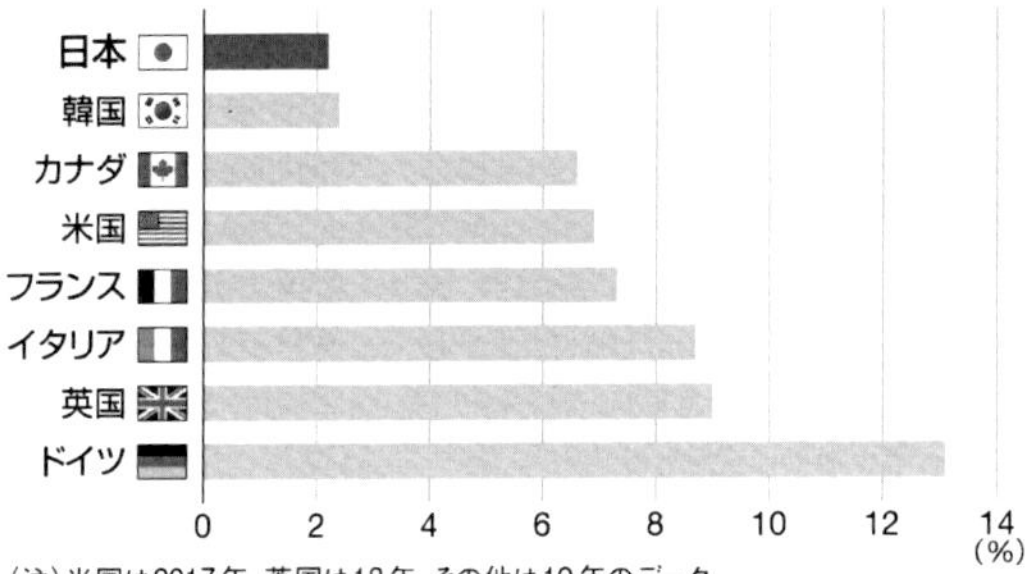

(注)米国は2017年、英国は18年、その他は19年のデータ
(出所)OECD「International migration database」

■ ポイント制で認定された高度専門職
—高度専門職の在留外国人数—

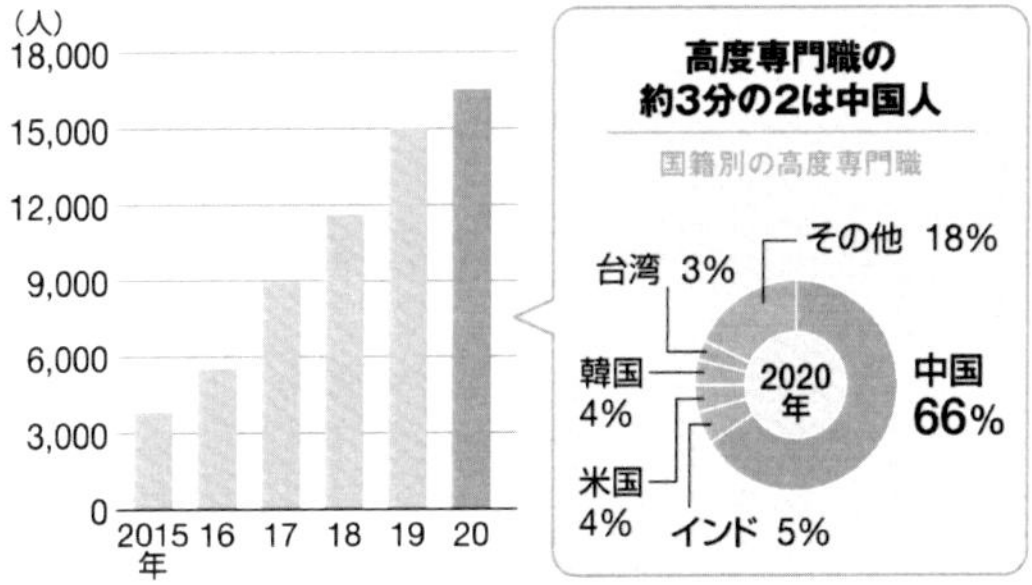

(注)各年末時点の数値　(出所)出入国在留管理庁「在留外国人数」

なお山積する課題

一方で九門氏は、「日本に関心を持ち、日本で働きたいと考える留学生は増えているが、留学後に日本で働く人は全体の約3割にすぎない」と指摘。人材のグローバル争奪戦が続く中、「このままでは日本に優秀な外国人材が来なくなる可能性がある」と懸念を示す。

問題点の1つは、日本企業による外国人材の〝日本人社員化〟だ。採用時に高い日本語レベルを求めたり、年功序列、ジョブローテーション、残業（長時間労働）といった日本的ワーキングカルチャーを押し付けたりすることだ。

「2009年に政府は、日本人が代替できないような補完関係にある人材を高度外国人材としたが、まだ理想と現実に乖離がある。何のための外国人材採用かをクリアにする必要がある」と九門氏は言う。

各種調査を見ても、世界の高度人材から見た魅力度で日本は高い水準とはいえない。スイスの国際経営開発研究所（ＩＭＤ）による世界人材力ランキング（20年）では

63カ国・地域中38位で、近年低下傾向にある。項目別では高度外国人材の活用54位、大学教育52位、経営層の国際経験63位、言語能力62位などの評価が低い。

経済協力開発機構（OECD）による国際人材誘致ランキング（19年）では、日本は「高学歴労働者（修士・博士号取得者）から見た魅力度」で35カ国中25位。「起業家から見た魅力度」でも20位にとどまる。とくに評価が低いのが就労機会の質で、高度の技術を持っていても専門性を発揮する機会が少ないということだ。

「イノベーションを普及させるにはAI（人工知能）などの技術を使いこなすためのSTEM（科学・技術・工学・数学）が重要になる。教育改革とともに、海外からSTEMに優れた人材を呼び寄せることが必要だ」。約30年にわたり日本に住み、20年には永住権も取得した著名エコノミストのロバート・フェルドマン氏は語る。

高度外国人材を引きつける魅力度で劣勢
—人材誘致に関する主要ランキング—

世界人材力ランキング（IMD、2020年）		国際人材誘致ランキング（OECD、19年）	
1	スイス	1	オーストラリア
2	デンマーク	2	スウェーデン
3	ルクセンブルク	3	スイス
4	アイスランド	4	ニュージーランド
5	スウェーデン	5	カナダ
6	オーストリア	6	アイルランド
7	ノルウェー	7	米国
8	カナダ	8	オランダ
9	シンガポール	9	スロベニア
10	オランダ	10	ノルウェー
11	ドイツ	12	ドイツ
13	オーストラリア	13	デンマーク
15	米国	14	アイスランド
23	英国	16	英国
28	フランス	22	フランス
31	韓国	23	韓国
38	日本	25	日本

（注）国際人材誘致ランキングは「修士・博士号を持つ労働者から見た魅力度」（出所）IMD、OECD

IT・金融人材の現実

ＡＩ技術者を含め、長期的に深刻な不足が想定されるのがＩＴ人材だ。経済産業省が１９年に実施した調査によると、３０年には国内のＩＴ人材は最大７９万人が不足する。需要全体の４１％にも及ぶ不足が生じるおそれがある。

英グローバル人材紹介会社ヘイズの調査（１９年）では、人材確保の容易さを測る指標で日本は３４カ国中ワースト２位。ＡＩやサイバーセキュリティーなど高度ＩＴ分野の人材不足がとくに深刻とされた。

同社幹部は、「パフォーマンスに基づく報酬・昇進制度の導入が必要」と指摘する。日本の高度ＩＴ人材への給与は中国、香港、シンガポールに劣るという。例えば最先端データサイエンティストの年収は中国１５７０万円、シンガポール１４２０万円に対し、日本では１２００万円程度。今のままでは国際的な人材獲得競争にも負け、人材不足は解消できない。

高度外国人材では金融人材も代表格だ。海外から人材・企業・資金を呼び込み、国際金融センターとしての地盤沈下を食い止めるため、政府も近年、手は打ってきた。金融外国人材に対する在留資格上の優遇や税負担軽減、英語での登録手続き拡充などだ。だが、やるべき対応は制度面だけではない。

大和総研の中村昌宏主席研究員は、「制度のハードルを下げても、ビジネスのネタがなければ誘致の勢いは失われてしまう」と話す。ネタとはつまり、人材や資金を引きつける投資案件や事業機会だ。「日本株の売買なら海外にいてもできる。わざわざ日本に行きたいと思わせるような魅力的なネタを提供できるかが重要だ」（中村氏）。

外国人材の受け入れ体制を強化するには日本人自身の英語力向上や大学改革も課題となる。フェルドマン氏は「大学での1年間の留学必修化」を提唱する。教員の半数以上が外国人の沖縄科学技術大学院大学のように、視野を国際的に広げた大学改革が必要と説く。

東京大学の公共政策大学院でも留学生を対象に英語で日本産業論を教える九門氏は、「日本人と外国人が一緒になった多様性のある状況で対話や議論をする授業を増やすべきだ」と話す。大学改革でもダイバーシティーがカギとなる。

課題は山積するが、コロナ禍が収束すれば国際的な人材獲得競争が再び激化していく可能性は高い。国内からの頭脳流出とともに、外国人材から見切りをつけられる頭脳のジャパンパッシングをいかに防ぐか。それが日本経済の長期的な浮沈を左右する。

（中村　稔）

「AIを使いこなすSTEMに優れた人材誘致が必要」

モルガン・スタンレーMUFG証券シニアアドバイザー・ロバート・フェルドマン

人口減少が加速する日本では、イノベーションによる生産性向上が欠かせない。イノベーションを普及させるには技術経営が求められ、AI（人工知能）などの技術を使いこなすためのSTEM（科学・技術・工学・数学）が重要になる。驚くことに、日本ではSTEM分野の大学生は、数だけでなく割合も減少している。「学び直し」を含めた教育改革とともに、海外からSTEMに優れた人材を呼び寄せることが必要だ。

世界の優秀な人材は、自分の能力を最も発揮できる環境を探している。日本に魅力はある。治安がよく、清潔。日本に住みたいと思う外国人は多い。永住権も得やすくなった。とくに高度人材はそうだ。

反面、外国人が〝同化〟することは難しい。地方参政権など、市民権という意味で日本人と完全に同化するにはまだ障壁がある。「二流市民」になってしまう。

さまざまな手続きも煩わしい。日本は本当に「紙々（かみがみ）の国」だと感じる。私は20年、日本の永住権を取得したが、申請から認定まで9カ月かかった。DX（デジタルトランスフォーメーション）で運用面をもっとスムーズにすべきだ。

言語も外国人にとっての障壁の1つだ。在留資格が5年間しかないということであれば、日本語を覚えようとはしない。あとは税金や賃金の問題。日本は所得税の税率が高いし、給与水準は低い。

日本では地方にいくほど外国人の比率が下がる。外国人を入れたら日本の文化が消えるという危機感もあるようだが、近視眼的な考え方だと思う。地方ほど人口減少が進んでおり、今のままのほうが地方の自治体は消滅してしまう。それよりも、外国人に日本の文化を伝えることができたらいい。

ロバート・フェルドマン（Robert Alan Feldman）
米MIT経済学博士。モルガン・スタンレー証券チーフエコノミストなどを経て2017年から現職。東京理科大学大学院教授。

INTERVIEW

「日本人社員化が問題　採用目的をクリアにすべきだ」

亜細亜大学　アジア研究所教授・九門大士

日本企業がグローバル展開するうえで外国人材は有益な存在となる。多様な経歴と価値観を持つ外国人材を活用すればイノベーションも生まれやすい。

現在の日本は、米国やシンガポールのように世界一流の研究者や起業家といった超高度外国人材がどんどん来るような状況にはない。修士号や博士号を取った外国人が日本企業に採用されるケースも少ない。海外とは逆の状況だ。

日本の文化や技術力に関心を持ち、日本で働きたいと考える留学生は増えている。ただ留学後に日本で働く人は全体の3割くらいで、働いたとしても3～5年で転職・帰国する人が多い。こうした高度人材の卵をどう採用・定着させるかが重要だ。

日本企業の多くは採用時に高い日本語レベルを求め、日本人と同じように働いてほしいと考える。〝日本人社員化〟だ。日本人のように働いて、外国人のよさも発揮してほしいと言っても難しいので、何のために外国人材を採用するかをクリアにする必要がある。

本当に優秀な人材には、一律の処遇ではなく、成長できるような仕事や早めの昇進を認めたり、自由な労働環境を与えたりする対応も必要だ。給与で大きな差をつけるのは難しいとしても、それ以外で改善の余地はある。欧米のジョブ型でなくても、希望に応じて自律的なキャリア形成を支援すればモチベーションを維持しやすい。

外国人材受け入れには教育改革も重要。大学では留学を推進するとともに、日本人と外国人が一緒になった多様性のある状況で対話や議論をする授業を増やすべきだ。企業など外部の専門家に参加してもらい、差別化された興味深い内容の授業にすることも大切だ。

九門大士（くもん・たかし）
米ミシガン大学大学院修士（公共政策）。ジェトロ、中国・清華大学での研修などを経て現職。専門は外国人材活用、グローバル人材育成。

脱プラ・脱炭素解決のカギは地域にあり

【ポイント】
・40年に海洋流出のプラゴミは3倍に
・プラスチック大量使用から転換が必要
・再エネ活用の新たな取り組みの成否は

陸上から海へ流出するプラスチックゴミの総量は、現状を放置すれば、2040年に全世界で年間3000万トン近くに達すると予測されている。この予測数字を発表した米国のNGO(非政府組織)「ピュー・チャリタブル・トラスト」によれば、流出量は現在の約3倍にも膨れ上がる。

プラスチック汚染の問題に詳しいＷＷＦジャパンの三沢行弘氏は、「リサイクルの推進だけでは事態は改善しない。まず、使い捨て用を中心にプラスチックの使用量そのものを抜本的に減らす取り組みが必要だ」と指摘する。

１人当たりの容器包装プラスチックゴミ排出量で世界第2位の日本も、対策の転換を迫られている。年間に発生するプラスチックゴミのおよそ6割をゴミ発電などの「熱回収」で処理してきたが、熱回収を前提に大量生産を続ければ二酸化炭素（ＣＯ2）を発生させ、脱炭素化に逆行するとの批判が強まっている。

米国発リユースの仕組み

そこで注目されているのが、リユース（再利用）の取り組みだ。容器を繰り返し使用することで環境負荷を減らす実証実験が、イオンと米国のベンチャー企業・Ｌｏｏｐによって始まっている。

東京都内の大型ショッピングセンター「イオンスタイル品川シーサイド」。２１年

5月、地下1階の食品売り場に、人の背丈に近い高さの陳列棚と、使用済み容器の返却ボックスが登場した。陳列されている商品は、ガムやシャンプー、キッチン用洗剤など大手メーカー7社の9品目。ステンレスやガラス製のリユース用容器が高級感を醸し出している。

Ｌｏｏｐ Ｊａｐａｎで代表を務めるエリック・カワバタ氏は、「使い捨てプラスチックを減らすことが使命。容器を洗浄して繰り返し使うことで、ＣＯ２換算での環境負荷を大幅に減らすことができる」とその意義を強調する。

「2回程度の使用で環境負荷は使い捨てと同等。容器の耐久テストでは最低１０回の条件を設定し、どこまで回収を増やせるか検証を続けている」（カワバタ氏）

利用者は陳列棚から商品を選び、レジで代金を支払う。家庭で使用した後、再び店舗に持ち込み、回収ボックスからＱＲコードが印刷されたシールを取り出し、使用済み容器に貼り付ける。そしてスマートフォンで読み取ってから、使用済み容器を返却ボックスに投入する。およそ2週間後に、容器代が利用者の銀行口座に返金される。

イオンにとってもＬｏｏｐとの提携は戦略的な意義がある。同社は３０年までに使い捨てプラスチックの使用量を18年比で半減させる目標を打ち出している。

5月25日から都内の全店（17店）と、神奈川県、千葉県各1店舗のイオンおよびイオンスタイルなど計19店舗、そしてネットスーパーで、実証実験に参画するメーカー6社計13品目の販売を開始。22年初めまでに取り扱いを50店舗に拡大する。

戦略を推進する森清智之・イオンリテール商品戦略部部長は、「今までリユースはビール瓶くらいしかなかったが、複数企業の多品目の取り扱いが1カ所で可能になった。品ぞろえを拡充し、プラスチックゴミの抜本的な削減につなげたい」と意気込む。

深刻化するプラゴミ汚染

プラスチックゴミによる環境汚染は深刻だ。関西広域連合の19年の調査報告書によれば、大阪湾に沈んだビニールゴミの総量は約610万枚、レジ袋は約300万枚と推定されている。漁業や観光業にも被害をもたらしている。

報告書を取りまとめた大阪商業大学の原田禎夫准教授によれば、「海に沈むプラスチックゴミの多くは、流域の河川を通じて流れ込んだもの。発生量が多ければ数%が環境中に流出するだけで深刻な汚染につながる」という。

川のゴミ汚染の解決に向けて立ち上がったのが、京都屈指の観光資産である保津川下りの船頭たちだった。2000年代の初め、豊田知八さんは、仲間の船頭と2人で、流域のゴミ回収を始めた。

豊田さんたちが回収を始めた当時、「無駄な努力だ」とみる人は少なくなかったという。しかしその後、賛同者が増加。保津川下りの起点である京都府亀岡市では地域ぐるみでプラスチックゴミを減らす取り組みが始まった。そして亀岡市では21年1月、全国に先駆けてプラスチック製レジ袋の提供を禁止する条例が施行された。

違反者の公表などペナルティーを盛り込んだことについては反対を含むさまざまな意見が寄せられたが、30回以上に及ぶ市民や事業者との対話を経て条例は実現した。

プラ製レジ袋禁止の決断

条例制定に先立つ18年12月、亀岡市は「かめおかプラスチックごみゼロ宣言」を行う。30年までに使い捨てプラスチックゴミゼロの街を目指す、とした。抜本策の必要性について桂川孝裕市長は、「母なる保津川が汚れていく状況に歯止めをかけたかった」と語る。

プラスチック製レジ袋に着目したのは、「(国などの統計では)プラスチックゴミのうち2%しかないものの、河川流域でのゴミ散乱状況の調査で、レジ袋やそれに入ったゴミが非常に多いことがわかったからだ」(桂川市長)。

コンビニエンスストアなどで食品を買って車中で食べ、ポイ捨てをするケースが後を絶たないという。そうしたゴミが側溝から小河川を経由して保津川に流れ込み、大雨が降るたび川岸にプラスチックゴミが散乱するようになった。

こうした問題に対処すべく、亀岡市は19年8月にプラスチック製レジ袋を有料化した。そして21年1月、禁止に踏み切った。その効果は下表を見ても一目瞭然だ。地元のNPO法人プロジェクト保津川による川ゴミ調査を通じ、レジ袋ゴミの枚数の大幅な減少が明らかに。取り組みの成果を裏付けるように、有料化前は5割強程度だったエコバッグの持参率は有料化後に8割に高まり、禁止後の21年7月には98%に達した。

亀岡市や自治会連合会などで構成する「川と海つながり共創プロジェクト」が主催した、10月16日の「こども海ごみ探偵団　保津川調査」には親子16組35名が参加して清掃活動を実施。その結果について亀岡市の山内剛・環境先進都市推進部部長は、「3年前の前回の調査で上位にあった買い物レジ袋はほとんど見つからず、条例と国による有料化の成果を反映する結果となった」と分析している。

一方、今なお深刻なのがペットボトルゴミの散乱だ。前出の川ゴミ調査でも、ペットボトルゴミの本数が大幅に増加している。

そこで亀岡市は次なる一手として、ペットボトルの抜本的な使用削減に踏み出した。21年度は市内のすべての市立小中学校にウォーターサーバーを設置。市役所などの公共施設にも給水スポットを設けて市職員にマイボトル持参を呼びかけた結果、「約8割が持参するようになった」(桂川市長)。

また、市内のレストランではプラスチック製のスプーンやストローを使わず、持ち帰り用でも紙の容器を使用する「リバーフレンドリーレストラン」の取り組みを推進。マイボトル持参によるペットボトルの削減本数を市民が競う「ｍｙｍｉｚｕチャレンジ」など、脱プラスチックの取り組みは一段と熱気を帯びている。

再エネとEVで脱炭素化

全国の自治体動向に詳しいグリーンピース・ジャパンの大舘弘昌氏は、「亀岡市の取り組みは画期的だ」としたうえで、「ゴミ発生ゼロを目指す徳島県上勝町、容器のリユース推進を掲げた東京都など、自治体による先進的な取り組みが各地で始まっている」と解説する。

プラスチックゴミ汚染と並ぶ、最も深刻な環境問題は地球温暖化だ。現在、世界各国が掲げている二酸化炭素（ＣＯ２）など温室効果ガスの削減目標を達成できたとしても、今世紀末には地球の平均気温は産業革命以前と比べて２・７度も上昇してしまうと、気候変動に関する政府間パネル（ＩＰＣＣ）は予測する。

気温上昇が2度を大きく超えると、100年に一度だった熱波や干ばつ、大洪水が頻繁に発生し、社会や経済に破局的な被害をもたらす。そうした事態を回避するための取り組みが脱炭素化だ。省エネルギーの徹底に加え、CO2を排出しない再生可能エネルギーの導入拡大や電気自動車（EV）による再エネ電力の活用がカギを握る。

政府が「2050年カーボンニュートラル」（炭素排出実質ゼロ）の方針を掲げたのは20年10月。神奈川県小田原市はその約1年前の19年11月、同様の目標を表明した。そのためのステップとして、30年までに太陽光発電設備を設置可能な屋根の3分の1に導入するロードマップを策定した。

ただ、脱炭素化の実現は容易ではない。守屋輝彦・小田原市長によれば「脱炭素化に向けた動きはこれまで大企業や公共セクターに限られ、市民や中小企業への認識の浸透は進んでいなかった」。

そこで打ち出されたのが、CO2排出ゼロの太陽光発電による電力を使うことで生まれる「環境価値」を市内で循環させる取り組みだ。

小田原市と地元の新電力会社である湘南電力、電力関連ビジネスを展開するエナリス、ゼロボードといった企業が連携。湘南電力が住宅の持ち主に代わって屋根に設置した太陽光発電設備の電力が持つ環境価値を、ブロックチェーン技術によりトレーサビリティー（追跡性）を確保したうえで、市内のレストランなどで使用する電力に移転。その結果、レストランではCO2排出ゼロの電力を使っていることになり、来店客に脱炭素化の取り組みをアピールできるようになった。湘南電力は店舗で割引やドリンク1杯無料などのサービスを利用できるクーポン券を発行し、集客の後押しをする。

湘南電力に屋根の一部を貸し、太陽光発電設備を設置した住宅の持ち主は、県からの補助金により設置費用なしで太陽光発電の電力を安価で利用できるようになった。

初期費用がかからないことから「0円ソーラー」と呼ばれる契約を締結した小田原市在住の井上孝男さんは、「わが家で使う電力の多くを太陽光発電に切り替えることができて満足している」と言う。同市に移住した40代男性は「災害時でも太陽光さえあれば、一定の電力を賄える」と評価する。

こうした電力を通じた企業、市民、自治体による連携はEVの導入でも進んでいる。

エナリスの出身者らによるEVを用いたカーシェアリングサービスが、小田原市内を中心に神奈川県西部で20年6月にスタートした。

ベンチャー企業のREXEV（レクシヴ）は、小田原市を中心とした県西エリアで27カ所のEVシェアリングのステーションを展開、47台のEVを稼働させている。平日の日中は市内の企業や市役所などが社用車や公用車として利用する一方、主に休日や夜間帯は安価な価格で一般ユーザーに貸し出している。同社のEVシェアリング「eemo（イーモ）」の会員数は現在、約1500人。湘南電力は市内の太陽光発電で生み出されたCO2排出ゼロの電力をeemoに提供している。

小田原市内に移住した会社員の浦川拓也さんは、「EVシェアリングが脱炭素化とつながっているとは知らなかった。環境負荷の少ないサービスは魅力的だ」と語る。

脱炭素実現への道のりは長く、個人や中小企業による再エネ導入は現時点では微々たるものだ。しかしその機運の高まりは、社会を確実に変えつつある。

（岡田広行）

【論点⑦　外交・安保】

「外交の幅」をもっと広げよう

【ポイント】

・抑止論の有効性を見極めよ
・中国を多国間の枠組みに引き込め
・経済安全保障は議論を整理すべきだ

世界覇権を追求するかのような中国の台頭や、核兵器やミサイルの開発に集中し東アジアの安定をつねに脅かす北朝鮮の存在。米国と旧ソ連による冷戦の対立構造が残る東アジアで、日本は同盟国の米国との関係を基調とする外交を長らく行ってきた。その基調は今でも変わらない。

日米同盟が基軸、経済外交も重点に —日本の外交目標の推移—

2017年	18〜19年	20年	21年
①日米同盟の強化	①日米同盟の強化および同盟国・友好国のネットワーク化の推進	①日本外交の基軸である日米同盟のさらなる強化	①日本外交・安全保障の基軸となる日米同盟の強化
②近隣諸国との関係強化	②近隣諸国との関係強化	②北朝鮮をめぐる諸懸案への対応	②「自由で開かれたインド太平洋」の推進
③日本経済の成長を後押しする経済外交の推進	③経済外交の推進	③中国・韓国・ロシアといった近隣諸国との外交	③中国・韓国・ロシアといった近隣諸国との外交
	④地球規模課題への対応	④緊迫する中東情勢への対応	④北朝鮮をめぐる諸懸案への対応
	⑤中東の平和と安定への貢献	⑤新たな共通ルールづくりを日本が主導する経済外交	⑤中東情勢への対応
	⑥「自由で開かれたインド太平洋戦略」の推進	⑥地球規模課題への対応	⑥新たなルールづくりに向けた国際的取り組みの主導
			⑦地球規模課題への対応

「積極的平和主義」

(出所)2017〜21年版『外交青書』を基に東洋経済作成

一方で、2040年を見据えて世界環境を想像すると、いつまでも冷戦的思考を残したまま、日本の外交を進めていっていいものか――。そんな疑問が湧いてくる。日本外交は、戦略のよい部分は残しながらも、新たな思考による時代に合わせた戦略の構築を急ぐ時期に来ている。

半世紀前の抑止論

北朝鮮のミサイル発射を例に挙げよう。北朝鮮の金正恩（キム・ジョンウン）・朝鮮労働党総書記は18年に「核実験とICBM（大陸間弾道ミサイル）の発射実験はしない」と米国に約束したことに加え、経済状況の悪化とコロナ禍への対応に追われたのか、20年まではミサイル発射もなく静かだった。

ところが北朝鮮は、21年になってミサイル発射を再開、すでに中短距離ミサイルを8回発射した。いずれもICBMではないが、10月にはSLBM（潜水艦発射弾道ミサイル）の実験も行っている。

北朝鮮のミサイルに対抗できるように、「敵基地攻撃能力」を持って抑止力を高めるべきだとの主張が、自民党内でも根強い。21年9月の自民党総裁選挙でも、敵基地攻撃能力の保有が争点の1つとなった。岸田文雄首相もこれを検討すると発言している。だが、「抑止力を持つという発想は、半世紀前の米ソでやってきた核兵器をはじめとする抑止論と変わらない」と早稲田大学の中林美恵子教授は指摘する。「どのような軍事技術や武器を持つのかといった抑止論について議論を重ねるのはいいが、抑止力をどこまで持つのか、または持てるのか、その範囲や限度を早急に決めるべきだ」と言う。

抑止論が成立するには、抑止できるだけの武器を開発する技術や運用する能力に加え、使いたいときに使える能力を持つことが必要だ。それだけではない。その抑止力を向けられる相手国が、「抑止力は本物だ」と信じられるものにならないと成立しない。しかも対象は、ミサイルや核兵器だけではない。AI（人工知能）などITを利用した新型兵器の開発が進み、サイバー空間での攻撃能力を高めている国もある。そしてそのような国の中には宇宙空間でも軍事的プレゼンスを高めようとしている国もある中、50年前と変わらない抑止論がどこまで有効なのか、いま一度考え直してみる必要があるのではないか。

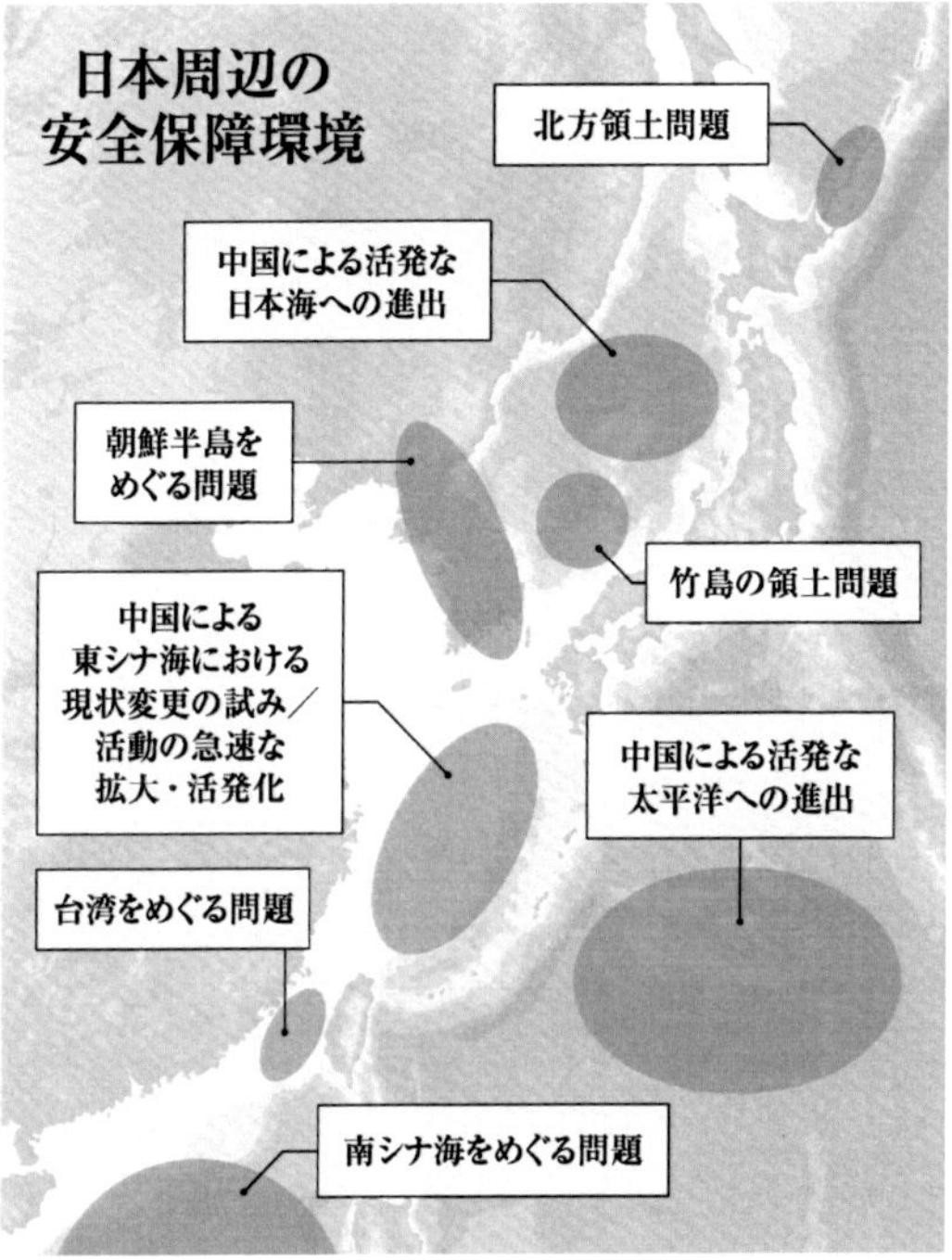

（出所）令和３年版『防衛白書』を基に東洋経済作成

多国間の枠組みで

では、日本はどうすべきか。中林教授は、2つの選択肢を示す。1つは、これまでと同様の典型的な抑止論の議論を突き詰める。もう1つは、新しい抑止論の方法を編み出すだ。

前者は、抑止力が本物だと相手国に思わせられるレベルはどこかを考えないといけない。しかし、軍事力増強のための技術や予算は限られている。やみくもに資源を費やし経済力を喪失して瓦解した旧ソ連のようになってはいけないのは当然だ。

後者の「新しい抑止論」とは何か。例えば、日米同盟の強化・深化を進めるとともに、QUAD（日米豪印4カ国戦略対話）など、友好国との多国間枠組みで安全保障をうまく管理していくことだ。

となれば、やはり米国との緊密な協力関係は必要となる。世界は今、米国はすでに「世界の警察」としての抑止力に疑問符がついた状態であることを自覚している。同時に米国世論は、自国に対する脅威であることをはっきり認識しないと国外への介入を認めないようになった。

そんな米国だからこそ、日本はつなぎ留める必要がある。米国の軍事力は、今も他国が追随できない水準にある。日本1国だけでは有効な安全保障体制を構築できない。

ここで重要なのは、韓国の存在だ。日本が日米同盟をより有効で有機的なものにするためには、韓国をパートナーとして認識する必要がある。米国側も、日米同盟を強化し中国などの非民主主義勢力に対抗するため、韓国の存在を必要としているからだ。

2021年現在、日韓関係は最悪といわれる状況だ。従軍慰安婦や元徴用工などの歴史問題で摩擦が生じたままで、交流がないといっても過言ではない。韓国は中国への経済依存度も高く、米国と中国との狭間でフラフラしていることが、日本から見てもわかる。

これらの問題は問題として解決する努力が必要だが、安保分野では韓国の存在は貴重だ。いたずらに反発し合うことなく、韓国を重要なパートナーとする戦略的な日韓関係の構築を目指すべきだ。

また、経済面での多国間の枠組みを活用・強化すべきだ。現在、中国と台湾がCP

TPP（環太平洋パートナーシップに関する包括的および先進的な協定）への加盟を申請している。中国が加盟することについて、日本国内では慎重論が根強いが、排除することが正解だろうか。

今回の加盟申請は、中国に改革を促す機会として考えられないか。高度な自由貿易のルールであるCPTPPの枠組みにおいて、中国がそのルールを守り、必要な自国の経済改革を実行する機会となるなら、最初から排除すべきではないだろう。

中国が何を考えているのか知ることができ、かつ他の加盟国と連携しながら中国に国際ルールを順守するように促せる。そこから得る利益を中国が体感できるようになれば、さらに共通の利益を探るため協調できるようになるはずだ。

中国と台湾が同時期に加盟申請 ―CPTPPの加盟国と現在の環境―

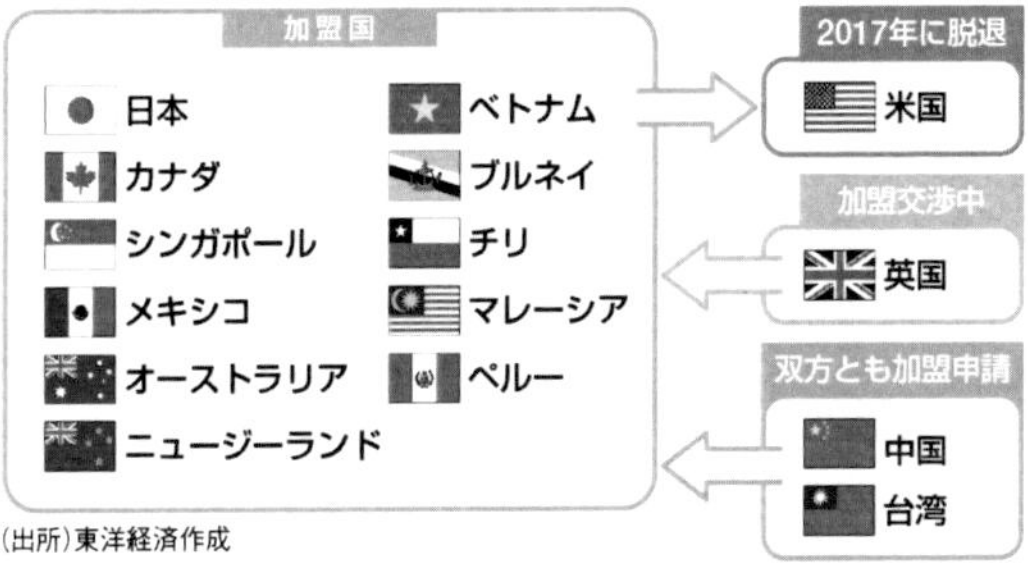

（出所）東洋経済作成

経済安保の中身が重要

最近では、従来の安全保障の考え方に加え、「経済安全保障」の必要性が重要視されるようになってきた。経済産業政策の柱として、さらには国家戦略の要として浮上している。

経済安全保障は、20年12月に発表された自民党・新国際秩序創造戦略本部による提言「『経済安全保障戦略策定』に向けて」を皮切りに、日本政府の「成長戦略」や21年の「骨太の方針」にも反映された。しかし、経済安全保障の定義や、具体的な戦術・戦略について明確なものが見えてこない。

例えば、外国の産業スパイから貴重な技術を守るための体制を整備せよという意見があれば、日本メーカーの製造拠点を海外から国内に回帰させるべきだといった、短絡的な議論も出ている。安全保障と産業政策を混同した視点で議論されているため、経済安全保障の統一的なイメージも湧きにくくなっている。

東京大学公共政策大学院の鈴木一人教授は、経済安全保障を「経済的な手段を通じて、国民の生命と財産の安全および国家としての価値の保全を保障すること」とし、それを実現する手段として、①サプライチェーンの安全保障、②技術不拡散による安全保障、③他国の規制からの安全保障、の3つに分けて考えるべきだと提唱する。ただ、「①～③は、それぞれ違う論理で動くもので議論には注意すべきだ」（鈴木教授）と指摘する。

①では、10年に尖閣諸島をめぐる問題などで日中関係が緊張した際、中国はレアアースの輸出を管理し、日本の産業界にレアアース不足を発生させたことがある。意図的な戦術によるものだった。一方で、20年にコロナ禍が広がり始めた頃、マスクなど医療品が品薄となった。これは急激な需要の高まりによって物不足が生じたためであり、製造国が意図的にそうしたものではない。戦略品の選定やサプライチェーンの性格に応じた慎重な議論と対策が求められる。

②は、バイオ技術やAI、ロボット技術といった先端技術など、軍事に転用できる技術を管理するものだ。③は、具体的には米国と中国が現在実施している経済制裁や規制にどう対処していくかがカギとなる。

米国は、中国政府によるウイグル族への弾圧など非民主的な政策について「人権侵害だ」として、一方的に経済制裁や規制を実施している。米国が中国の新疆ウイグル自治区で生産された綿製品を輸入禁止にするなど、日本企業にも影響が及んでいる。中国も「反外国制裁法」「輸出管理法」を制定して対抗措置を取っているが、双方と経済関係が太い日本は、その板挟みになって対応に苦慮しているのが現状だ。

とはいえ、太い経済関係を持つということは、相手も日本に依存せざるをえない状況にあるということだ。そこで「戦略的不可欠性」が重要となる。相手国にとって必要不可欠な国であるならば、日本は随一の技術や製品を確保し、容易に流出しないよう管理していくことが、経済安全保障上の抑止力となる。その抑止力を生かす手段として技術不拡散を徹底することが重要な政策となると、鈴木教授は説明する。

問われる外交の〝幅〟

8年弱の長期政権となった安倍晋三政権で外交運営が安定したのは確かだ。だが、「日本の外交政策の幅が狭くなってきた」と指摘するのは、上智大学の宮城大蔵教授だ。

日米同盟を基軸とする外交はキーストーンであっていい。米国の歩調に日本が合わせることも大事だろう。とはいえ、「結局、日本としてどうしたいのかという発想がどんどん薄くなっている。米国とともにやるのはいいが、その先で日本は何をしたいのか、アジアの中でどうしたいのかが見えてこない」と宮城教授は言う。

さらに20年後の世界がどうなっているか、想像力を働かせてみるべきだ。中国や韓国、そして日本の国力は、少子高齢化という人口動態の変化で今よりしぼんでいる可能性は高い。一方、もっと視野を広げると、インドやアフリカ諸国といった人口の多い、若い年齢層が中心の国家はまさに成長しようとうごめいている。

自分たちが世界の中心だと思い込んでいる視野の狭い外交安保観のままであれば、「没落しつつある国は関係ない」と軽視され、世界でのプレゼンスが知らぬ間に落ち込んでいく可能性もある。

安倍前首相は在任中、「地球儀を俯瞰する外交」を提唱した。だが、俯瞰したうえで将来の外交を考えてきたか。じっくりと俯瞰し、考え、日本の国力を上げ、魅力を高める戦略が、今こそ切実に必要とされている。

（福田恵介）

INTERVIEW

「魅力的な日本をつくる戦略を立て能動的な外交を」

上智大学教授・宮城大蔵

敵基地攻撃能力や経済安全保障などが、外交をめぐる論戦の中心となっている。しかし20年後を見据えた場合、もう少し長期的、そして「日本としてどうしたいのか」という能動的な発想があってもよい。

安倍晋三政権は外交で存在感を示すことで、国内での政権基盤強化につなげた。一方で、外交でも官邸主導が強まり、日本全体としての外交をめぐる発想の幅や〝引き出し〟の数が減っていることが気がかりだ。冷戦後でも、自民党内の「保守本流」といわれた流れや民主党など「非自民」の系譜でさまざまな外交論議があったが、今ではそういった多様性が乏しい。

中国も下り坂になる

数年後には経済規模で米国を抜くとされる中国の台頭は、世論にはわかりやすい。しかし、中国は同時に急速な少子高齢化を迎え、経済成長も頭打ちになる時代が来るだろう。一方で、インドやインドネシアといった国が、若い人口構成もあり経済規模で中国や日本を追い抜く状況が今世紀半ば以降には来る。日本では対中包囲の提携先としてこれらの国々に関心を寄せる傾向が強いが、逆に、これらの国々から見て魅力的な日本であるためにはどうしたらよいのかという発想が必要になるだろう。

日中韓など東アジアは急激な高齢化を目の前に控えながら、軍拡競争に突入しかねない状況にある。東アジア各国の持てる力を相互の緊張に費やすのではなく、前向きに世界的課題に振り向けることはできなかったのか。20年後にそう振り返りたくはない。

宮城大蔵（みやぎ・たいぞう）
1968年生まれ。NHK記者を経て、一橋大学大学院博士課程修了、博士。『現代日本外交史』『戦後アジア秩序の模索と日本』など著書多数。

「規制改革に加え第3次臨調の立ち上げを」

慶応大学名誉教授・竹中平蔵

成長と分配の好循環を柱とする「新しい資本主義」を掲げ、衆議院選挙を戦った岸田文雄自民党総裁。明確なキャッチフレーズに比べて具体的な政策実現への道筋は見えづらく、今後は実効的な政策議論が望まれる。もっとも、成長のために必要なのは徹底した規制改革だ。

例えば世界を先取りした大胆なインフラ投資、中でも5G投資が挙げられる。また無形資産投資も重要だ。日本企業はR&D（研究開発）やデータベース向けはまだしも、人的資本投資が不足しており、（世界的競争力のある）米国企業との決定的な差となっている。

企業間の健全な競争を促すことも必要だ。日本では中小企業がGDP(国内総生産)の7割を占める。(すでに生産性の高い)トヨタ自動車のような大企業の生産性を10%上げるよりも、中小企業の生産性を10%上げるほうが容易だろう。企業はある程度の規模がなければ研究開発なども進まず、生産性が上がらない。競争力の弱い企業を守るために補助金も使われている。こういった政策は見直すべきだ。

経済の成長には生産性の低いところから高いところへの資源移動が必須である以上、雇用制度を柔軟にして、労働市場の流動性を高めることも重要だ。働き方、雇い方はもっと多様で自由であるべきだ。例えば正規雇用、非正規雇用の違いを見ても、同一労働同一賃金になっていない。これを正し、雇用形態による不平等を解消して、流動性を高めていく。

分配についてはベーシックインカムを挙げたい。累進制である所得税では、低所得者は税率ゼロだ。これをマイナスにする。「負の所得税」として現金を給付する。現金給付は産業の活性化にも役立つ。今の日本は第4次産業革命に直面している。

多くの人にチャレンジをしてもらいたいが、全員が成功するわけではない。ベーシックインカムがあれば、セーフティーネットにもなるはずだ。

成長も分配も中長期的な重要課題だが、現在のこの国には、世界と将来を見据え今何をやるべきかを考える仕組みがない。

1970年代末、大平正芳首相は9の研究会をつくり、未来を見据えた政策研究を行った。環太平洋連帯構想、田園都市構想、文化立国など、その後の日本を構想する議論が繰り広げられた。

そのために（首相が諮問機関として設置する）臨時行政調査会の立ち上げを岸田首相には期待したい。かつて池田勇人内閣の61年に第1次臨調、鈴木善幸内閣の81年に第2次臨調（土光臨調）が設置された。土光臨調を受けて、2001年の中央省庁再編が実現した。それぞれ20年置きだ。省庁再編から20年後に当たる21年は、第3次臨調を設置するのに最適な時期でもあろう。議題として①経済成長するためのスマート経済、②サステイナブル社会、③インクルーシブ社会、④世界の中の日本の今後、の4つほどを挙げたい。大平首相と同じ宏池会の岸田首相にはぜひ、日本の未来を方向づける議論を期待したい。

（構成・ライター　勝木友紀子）

竹中平蔵（たけなか・へいぞう）

1951年生まれ。一橋大学経済学部卒業後、73年日本開発銀行入行。慶応大学総合政策学部教授などを経て、小泉純一郎政権で経済財政担当相、金融担当相などを歴任。

「格差是正と気候変動への対策を急げ」

大阪市立大学大学院准教授・斎藤幸平

岸田文雄首相は「成長と分配の好循環」をスローガンに掲げる。だが、もはや地球環境には、成長を支え、分配するためのパイを大きくしていく余地はない。経済成長、いわゆるＧＤＰ（国内総生産）増を目的とするのではなく、自然の限界を前提として、持続可能なペースにまで経済をスローダウンする必要がある。

理由として、現在の日本と世界が直面する中長期的な危機が2つ挙げられる。格差拡大と気候変動だ。両者は密接に関わっており、同時に解決する大胆な対策と新しい社会のあり方が求められている。

新型コロナウイルス禍は、格差の拡大に拍車をかけた。大企業の正社員が快適にテレワークで勤務する傍ら、医療・介護・保育などテレワーク不可能なエッセンシャルワーカーは、自らの健康を危険にさらしながらしばしば低賃金・過重労働に従事する。日経平均株価が一時3万円を超え、持てる者が株式投資で富を増やす一方、営業自粛となった飲食店の従業員や雇用の調整弁とされる派遣社員など、非正規雇用を中心に多くの労働者が職を失い、困窮に陥った。パンデミックという緊急事態によって、経済的弱者がより大きな打撃を受ける構造が可視化された。

コロナ禍以上に深刻な被害をもたらし、さらに多くの弱者を困窮させるのが気候変動だ。21年もドイツで洪水が起こり、山火事はトルコ、ギリシャ、米カリフォルニアと世界中で発生している。今後は食糧危機、水不足に伴う難民化など、自然的・人為的な要因が絡み世界中で混乱が起こるだろう。新型コロナ禍は「気候危機の時代のリハーサル」にすぎず、人類は慢性的な緊急事態に突入する。

このような状況に世界が直面する中、経済格差、気候変動に関して早急に強力な対策を打つべきだ。

格差については、法人税や所得税の強化、富裕税の導入など、富の偏在を是正するための改革が必要だ。例えば教育・医療・住宅といった誰もが必要とするサービスを無償、あるいは安価に受けられるよう提供し再分配する。収入に依存せず平等な機会を持てる社会にしていくことが望ましい。

気候変動においても、「2030年度に13年度比で温室効果ガスを46％削減」という日本政府の目標は、市場任せにしていては到達が見込めないだろう。政府による計画性のある投資や雇用創出および規制が不可欠だ。日本の環境政策は大きく遅れている。緑の資本主義やグリーン・ニューディールでいわれるような、環境保護も経済成長もしながらの「緑の投資」でどうにかなる規模ではない。

危機を克服するためには、今ある富を社会が共有し共同管理する必要がある。このような方法を「コモン」と呼んでいる。コモンの領域を広げていくことで、経済自体をスケールダウン・スローダウンさせ、環境負荷低減を実現する。私の提唱する「脱成長コミュニズム」の姿だ。「脱成長型」に移行していくことこそが、格差を是正し、気候変動を止め、社会を維持していく方法だ。

（構成・ライター　勝木友紀子）

斎藤幸平（さいとう・こうへい）

1987年生まれ。大阪市立大学大学院経済学研究科准教授。独ベルリン・フンボルト大学哲学科博士課程修了。博士（哲学）。『人新世の「資本論」』が「新書大賞2021」大賞受賞。

【週刊東洋経済】

本書は、東洋経済新報社『週刊東洋経済』2021年11月6日号より抜粋、加筆修正のうえ制作しています。この記事が完全収録された底本をはじめ、雑誌バックナンバーは小社ホームページからもお求めいただけます。

小社では、『週刊東洋経済 eビジネス新書』シリーズをはじめ、このほかにも多数の電子書籍ラインナップをそろえております。ぜひストアにて「東洋経済」で検索してみてください。

『週刊東洋経済 eビジネス新書』シリーズ

No.373 日立・三菱重工の岐路
No.374 脱炭素サバイバル
No.375 郵政崩壊
No.376 脱・ストレスの処方箋
No.377 働き方と経営の法律

No.378　コロナ倒産危機
No.379　車載半導体　争奪戦
No.380　マルクス vs. ケインズ
No.381　医療テック最前線
No.382　漂流する東芝
No.383　不動産投資　光と影
No.384　コンサル全解明
No.385　大転換の商社ビジネス
No.386　会社とジェンダー
No.387　全解明　経済安全保障
No.388　ソニー　掛け算の経営
No.389　2050年の中国〔前編〕
No.390　2050年の中国〔後編〕
No.391　相続の新常識

No.392　無敵の文章術
No.393　物流　頂上決戦
No.394　すごいベンチャー2021〔前編〕
No.395　すごいベンチャー2021〔後編〕
No.396　米国株　超入門
No.397　ビジネスと人権
No.398　無敵の話し方
No.399　EV　産業革命
No.400　実家のしまい方
No.401　みずほ　解けない呪縛
No.402　私大トップ校　次の戦略

週刊東洋経済eビジネス新書　No.403
ニッポン再生　7つの論点

【本誌（底本）】
編集局　林　哲矢、野村明弘
デザイン　杉山未記、熊谷直美、伊藤佳奈
進行管理　三隅多香子
発行日　2021年11月6日

【電子版】
編集制作　塚田由紀夫、長谷川　隆
デザイン　市川和代
制作協力　丸井工文社
発行日　2022年9月22日　Ver.1

発行所　〒103-8345
東京都中央区日本橋本石町1-2-1
東洋経済新報社
電話　東洋経済カスタマーセンター
03（6386）1040
https://toyokeizai.net/
発行人　駒橋憲一

電子書籍化に際しては、仕様上の都合などにより適宜編集を加えています。登場人物に関する情報、価格、為替レートなどは、特に記載のない限り底本編集当時のものです。一部の漢字を簡易慣用字体やかなで表記している場合があります。本書は縦書きでレイアウトしています。ご覧になる機種により表示に差が生じることがあります。

※本刊行物は、電子書籍版に基づいてプリントオンデマンド版として作成されたものです。